+0.9

Tralee Golflinks, Ireland.

Built by God, designed by Palmer.

+0.8

Waterville Golflinks, Ireland.
Heaven sent.

+0.7

RECEPTION

Impressum ^(+0.6)

Das Werk einschließlich aller seiner Teile ist urheberrechtlich geschützt. Jede Verwertung außerhalb der engen Grenzen des Urheberrechtgesetzes ist ohne Zustimmung der Autoren unzulässig und strafbar. Das gilt insbesondere für Vervielfältigungen, Übersetzungen, Mikroverfilmungen und die Einspeicherung und Verarbeitung in elektronischen Systemen.

Bildnachweis:
Fotos von Markus Bucksch & Marcel Schminke,
Tralee Golf-Club und Waterville Golf-Club
Lektorat: Maximilian Boost, Dr. Lothar Nickel
Printed in Hongkong
ISBN: 978-3-00-021095-2
ISBN: 978-3-8354-0331-4
Gedruckt auf chlorfrei gebleichtem Papier

Die Deutsche Bibliothek verzeichnet diese Publikation in der Deutschen Nationalbibliographie. Detaillierte bibilographische Daten sind im Internet über http://dnb.ddb.de abrufbar.

© 2007 Markus Bucksch & Marcel Schminke, Erste Auflage

Für Bestellungen und weitere Informationen
zu **DestinationPar** besuchen Sie unsere Homepage:

www.destination-par.eu

Hinweis
Das vorliegende Buch wurde sorgfältig erarbeitet. Dennoch erfolgen alle Angaben ohne Gewähr. Weder die Autoren noch der Verlag können für eventuelle Nachteile oder Schäden, die aus den im Buch vorgestellten Informationen resultieren, eine Haftung übernehmen.

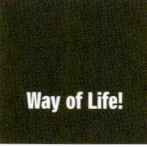

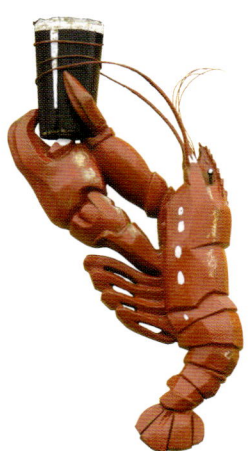

Men at work

Lernbuch-DVD-System von
Markus Bucksch & Marcel Schminke

Kontakt
Markus Bucksch & Marcel Schminke
marcelschminke@mac.com

Konzept
Markus Bucksch & Marcel Schminke
www.destination-par.eu

Technik & Text
Markus Bucksch

Art Director, Design
Marcel Schminke | marcelschminke@mac.com

Foto
Markus Bucksch & Marcel Schminke

Filmaufnahmen
Markus Bucksch & Marcel Schminke

Sponsor & Supporters +0.5

Sponsor

Suzuki International Europe GmbH
www.suzuki.de

Supporters

Hundert Grad Kommunikation, Frankfurt
www.hundertgrad.de

Illustrationen, Hundert Grad Kommunikation
Steve Voss

Illustrationen
Ralph Pfeifer

Titelfotografie, Bernd Mayer, Frankfurt
www.berndmayer.com

Tonmischung, Christian Cyfus, Gutleut Studios GmbH, Frankfurt
www.gutleut.eu

Material
www.titleist.de

Schnitt (DVD)
Philipp Schmitt, Mainz

Tralee Golflinks, Ireland
www.traleegolfclub.com

Waterville Golflinks, Ireland
www.watervillegolflinks.ie

Kinopolis
www.kinopolis.de

Cathay Pacific
www.cathaypacific.com

Nintendo Wii
www.wii.com

Benutzung Buch & DVD [+0.4]

Jetzt versteht es jeder!

Von den Grundlagen bis zu den einzelnen technischen Komponenten des Golfschwungs - dieses Buch möchte Sie umfassend in den Golfsport einführen. Dabei ist es das Ziel dieser bis jetzt einmaligen Kombination von Buch und DVD, die komplexen Bewegungsabläufe des Golfschwungs durch gleichzeitige Nutzung beider Medien leichter erlernbar zu machen. Lerninhalte und Lernziele aus dem Buch werden durch die DVD aufgegriffen und mittels Ton, Bildern und Videosequenzen zum Leben erweckt und dadurch leichter verständlich.

So wird Lernen einfacher und gelingt spielerisch.

48 neuartige Technik-Icons im Buch gliedern den Golfschwung in seine Grundbestandteile und stellen ihn dadurch übersichtlich dar. Im letzten Abschnitt des Buches stellen wir Ihnen 28 normale Spieler mit unterschiedlichen Handicaps und verschiedenen Golfschwüngen vor. Auf Tourspieler haben wir dabei bewusst verzichtet, da sich der normale Spieler in körperlicher und technischer Hinsicht ohnehin kaum mit einem Profi vergleichen lässt. Durch die Technik-Icons können Sie die Charakteristika der einzelnen Schwünge leicht und übersichtlich erkennen. So lernen Sie, Schwungfehler einfach und gezielt zu erkennen.

Das Kamerasymbol im Buch sagt Ihnen, dass es zu diesem Thema eine Videosequenz auf der DVD gibt. Wollen Sie diese sehen, wählen Sie einfach das entsprechende Thema auf der DVD an. Die Lerninhalte sind für Sie am Ende eines jeden Themenabschnitts auf der DVD kurz, knapp und übersichtlich auf Lerntafeln zusammengefasst.

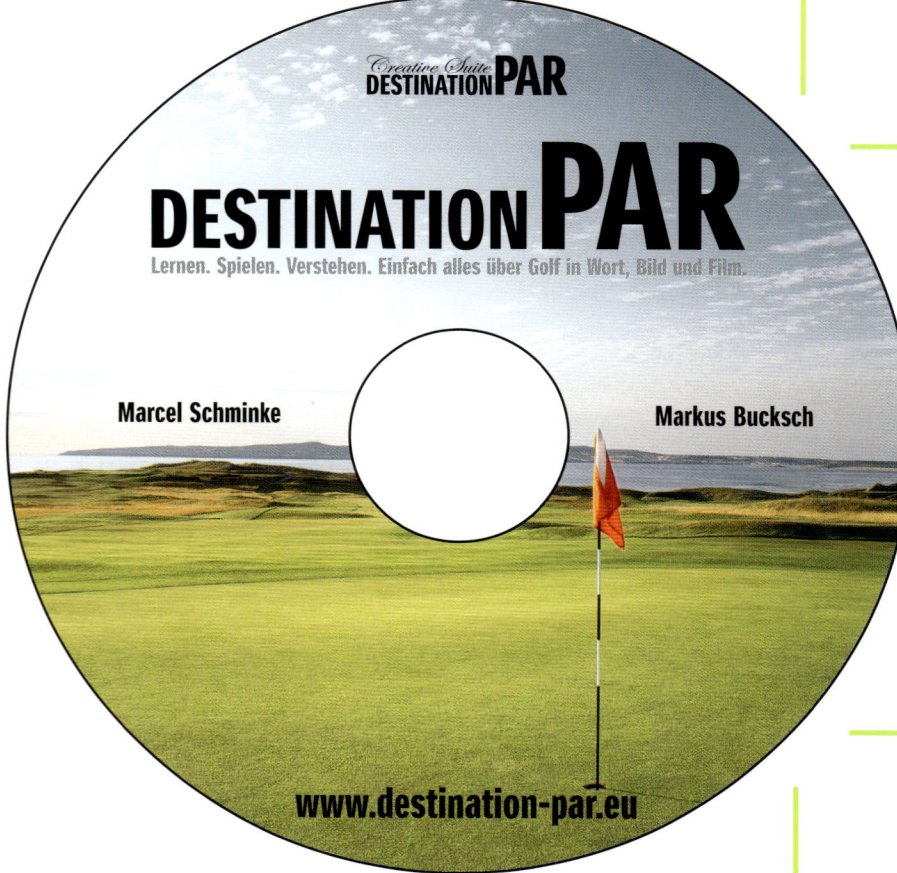

Kamerasymbol

Im Proshop & Golfschläger

Der Pitch & MB-Pitchsystem

Bunker

Der Chip & MB-Chipsystem

Tipps und Tricks fürs Putten

Schlechtes Wetter

Taktik & Schwierige Lagen

Symbol-Erklärung +0.3

Schlägerstellungen

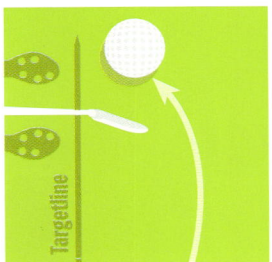

Schlagfläche geöffnet
Schwungkurve von außen.

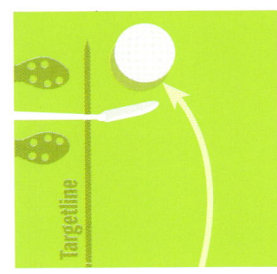

Schlagfläche geschlossen
Schwungkurve von außen.

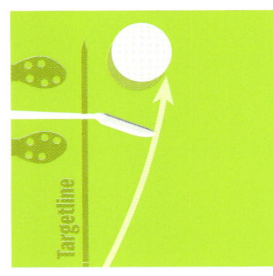

Schlagfläche geöffnet
Schwungkurve von innen.

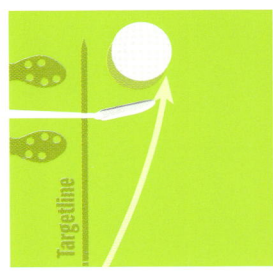

Schlagfläche geschlossen
Schwungkurve von innen.

Eintreffwinkel

Dünn
Der Ball wird nicht voll getroffen, sondern in der Aufwärtsbewegung.

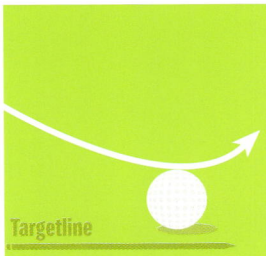

Getoppt
Der Schwungboden ist zu hoch. Dadurch wird der Ball zu hoch getroffen.

Eintreffwinkel steil
Der Schläger kommt zu sehr von oben.

Ball - Boden
Der tiefste Punkt der Schwungkurve liegt hinter dem Ball. Der Ball wird in der Abwärtsbewegung getroffen. Das Divot ist hinter dem Ball.

Boden - Ball
Der tiefste Punkt der Schwungkurve liegt vor dem Ball. Der Ball wird in der aufsteigenden Bewegung getroffen. Distanzverlust.

Schwungkurven

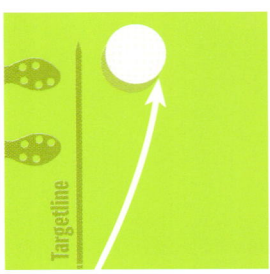

Von innen
Schwungkurve von innen.

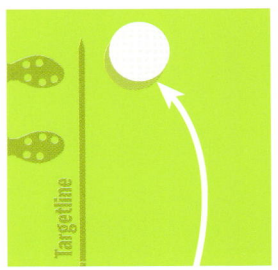

Von außen
Schwungkurve von außen.

Balllagen

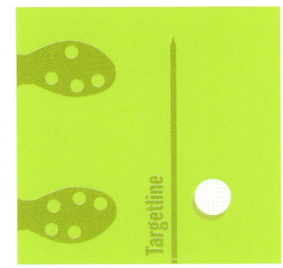

Balllage
Der Ball liegt rechts im Stand.

Divot

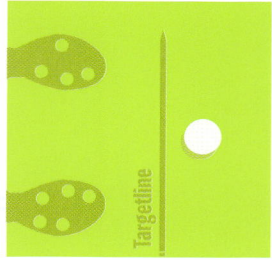 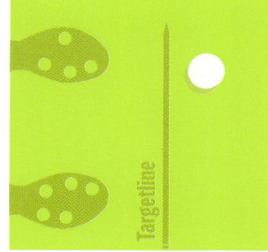 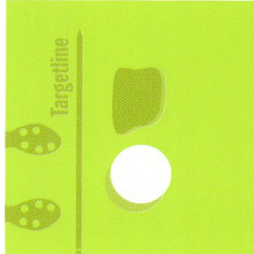 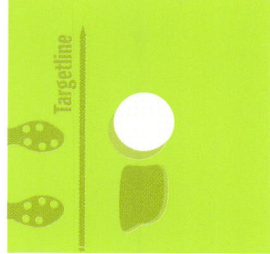 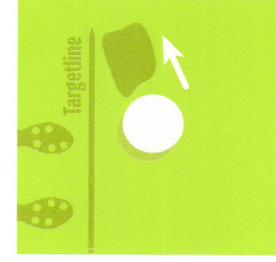 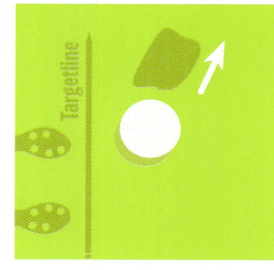

Balllage
Der Ball liegt in der Mitte des Standes.

Balllage
Der Ball liegt links im Stand.

Ball - Boden
Der richtige Ballkontakt mit dem Divot nach dem Treffmoment.

Boden - Ball
Das Divot ist vor dem Ball, da der Schläger erst den Boden berührt. Distanzverlust.

Divot von außen
Das Divot zeigt bei Schwungkurven von außen nach links.

Divot von innen
Das Divot zeigt bei Schwungkurven von innen nach rechts.

Flugkurven

  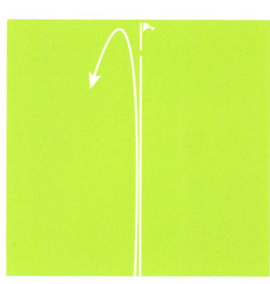 

Hanglagen

Pull
Der Ball startet links vom Ziel.

Push
Der Ball startet rechts vom Ziel.

Hook
Der Ball landet links vom Ziel.

Slice
Der Ball landet rechts vom Ziel.

Unter dem Ball
Der Stand ist unter dem Ball. Der Ball fliegt nach links.

Über dem Ball
Der Stand ist über dem Ball. Der Ball fliegt nach rechts.

+0.3

Hanglagen

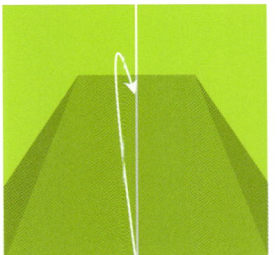

Bergab
Der Ball fliegt flach und rollt lang aus.

Bergauf
Der Ball fliegt hoch und verliert an Distanz.

Griffe

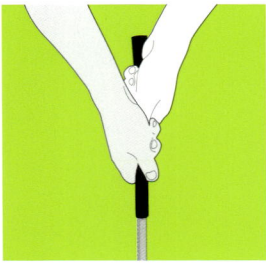

Linke Hand schwach
Die linke Hand greift den Schläger zu weit von links.

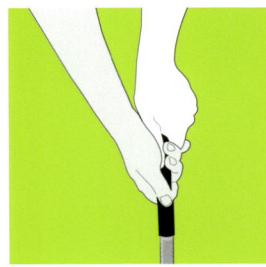

Griff stark
Beide Hände greifen den Schläger zu weit von rechts.

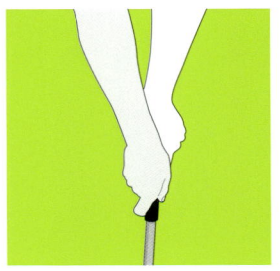

Rechte Hand schwach
Die rechte Hand greift den Schläger zu sehr von oben.

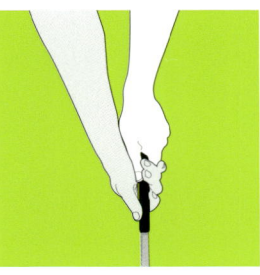

Rechte Hand stark
Die rechte Hand greift den Schläger zu sehr von unten.

Griffstellungen

Handgelenk geknickt (dorsal)
Schlagfläche geöffnet. Dies ergibt einen Slice und Pull.

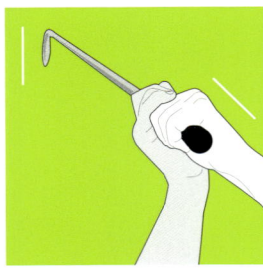

Schlagfläche geöffnet
Die Schlagfläche zeigt nach unten.

Handgelenk gebeugt (palmar)
Schlagfläche geschlossen. Der Griff ist neutral.

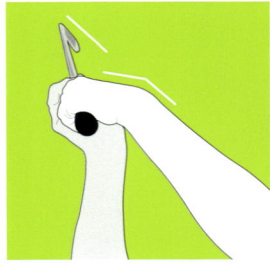

Handgelenk gebeugt (palmar)
Schlagfläche neutral. Der Griff ist schwach.

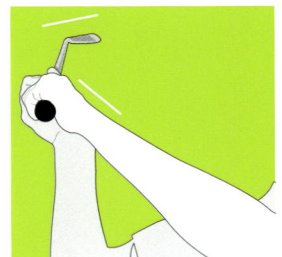

Handgelenk neutral
Schlagfläche geschlossen. Der Griff ist stark.

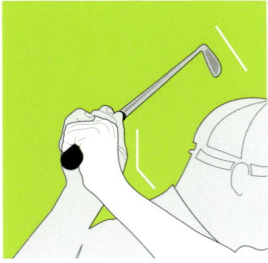

Schläger gekreuzt (dorsal)
Der Schläger ist gekreuzt. Handgelenk geknickt. Schlagfläche neutral. Der Griff ist stark.

Dynamik

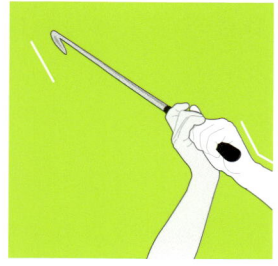  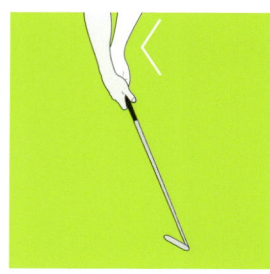 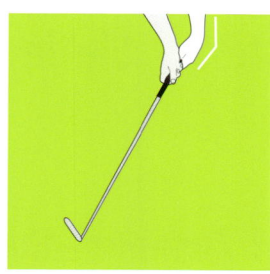 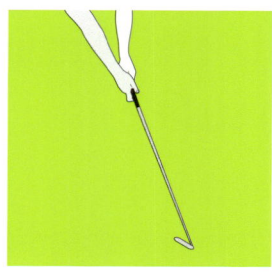 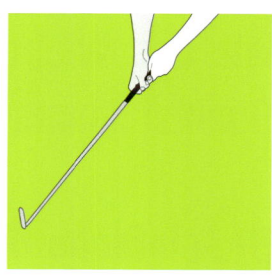

Handgelenk geknickt (dorsal) Schlagfläche neutral. Der Schläger ist gelegt. Der Griff ist stark.

Handgelenk geknickt - Schlagfläche geöffnet Der Griff ist neutral.

Frühes Schlagen Die Hände sind im Treffmoment hinter dem Ball. Der Ball startet dadurch hoch. Dünne Bälle und fett getroffene Bälle sind möglich.

Spätes Schlagen Die Hände sind im Treffmoment vor dem Ball, wodurch der Ball flach startet.

Durchschwung Nach dem Treffmoment zeigt der Schläger zum Mittelpunkt des Körpers.

Rückschwung Der Rückschwung wird mit Armen und Körper gleichzeitig gestartet.

Körperstellungen

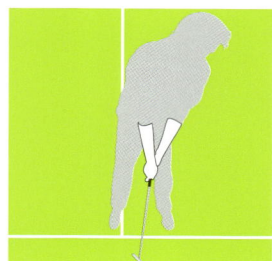 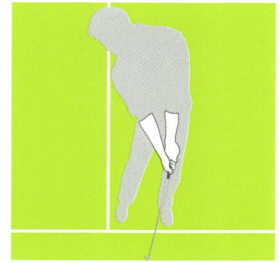 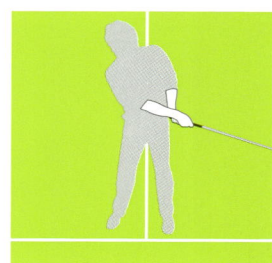 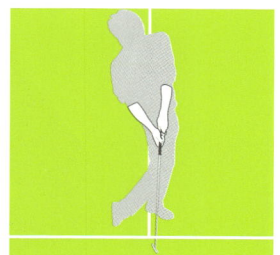  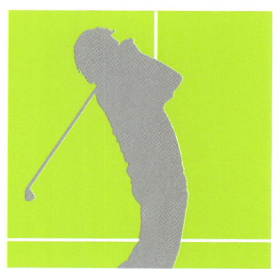

Linkslastig In der Ansprechhaltung greift der Spieler den Schläger zu sehr von links. Der Körperschwerpunkt ist links.

Rechtslastig In der Ansprechhaltung greift der Spieler den Schläger zu sehr von rechts. Der Körperschwerpunkt ist rechts.

Körper zu langsam Zu wenig Rotation der Hüfte.

Körper zu schnell Während des Treffmoments ist die Hüfte schon zu weit in Richtung Ziel gedreht.

Wenig Armrotation Im Durchschwung bleibt der rechte Arm unter dem linken Arm.

Reverse "C" Der Spieler verlagert sein Gewicht im Durchschwung nicht vollständig auf das linke Bein. Die untere Wirbelsäule wird dabei stark belastet.

Unsere Mission [+0.2]

Aus der unendlichen Flut von Informationen über den Golfsport, den Golfschwung und seine Techniken, haben wir das Wichtigste und Nützlichste für Sie in diesem Buch zusammengestellt.

Die einfache Darstellung komplexer Zusammenhänge ist dabei unser höchstes Ziel, damit Sie stets den Überblick über das Wesentliche behalten ...

Die Autoren +0.1

Marcel Schminke

Seit der Jugend galt meine Leidenschaft dem Sport und besonders dem Golfsport. Eine Sportart zu lernen ist mit vielen Hürden verbunden. Daher fand ich es sehr reizvoll meine Erfahrungen aus der Sicht des Amateurs in dieses Buch einzubringen. Als freier Grafiker war es für mich eine Herausforderung ein ganzes Buch nach meinen Vorstellungen zu gestalten. Für mich war die Zielsetzung bei der Gestaltung eine Welt zu schaffen, die den Focus auf die Lerninahlte stellt und trozdem dem Betrachter ein optisches Vergnügen bereitet. Ich hoffe, das ich dieses umsetzen konnte.

Viel Spaß beim Lesen und Betrachten.

Markus Bucksch

Mit der Zeit meiner Tätigkeit als Golflehrer entwickelte ich einen Traum. Ich wollte ein Buch schreiben das anders sein sollte als all die Bücher, die ich in meiner Lehrzeit und weiterer Ausbildung kennen lernte. Das Vermischen von verschiedenen Medien, die Darstellung von Lerninhalten reduziert auf das Wesentliche, Einfachheit anstelle von Komplexität das ist das Ziel. Das Lernziel sollte auf den ersten Blick erkennbar sein. Ein bildreiche Darstellung sollte helfen dieses zu ermöglichen. Um meinen Traum zu verwirklichen mußte ich lange warten. Guido Hannich Director Marketing Europe Suzuki begeisterte sich für die Idee und unterstützte sie.

Ich hoffe, Sie haben mit der Lernkombination aus Buch und DVD viel Spass.

Inhalt +0.0

Erstes Kapitel Seite 016-029
Im Pro Shop
Das Golfbag | 018
Bälle | 020
Handschuhe | 022
Zubehör | 024
Regenkleidung | 026
Schuhe | 028

Zweites Kapitel Seite 030-043
Golfschläger
Wedgesystem und Eisen | 034
Hybrid | 036
Fairwaywoods | 037
Driver | 038
Putter | 039
Blade or Cavity | 040
Combos | 042

Drittes Kapitel Seite 044-055
Clubfitting
Griffe | 046
Schäfte | 047
Schaftwahl | 048
Clublie | 050
Flugkurven | 054

Viertes Kapitel Seite 056-075
Setup
Der richtige Griff | 058
Handstellung | 065
Balllage | 066
Wie hoch muss das Tee sein? | 067
Fußposition / Fußwinkel | 068
Haltung der Arme | 071
Körperwinkel / Hüfte | 072
Ausrichtung | 075

Fünftes Kapitel Seite 076-089
Der Golfschwung
Schaftstellung | 078
Schwungebene | 080
Schlagfläche | 082
Frühes bzw. spätes Schlagen | 084
Von außen oder von innen? | 086
Falsche Schwungebenen | 088

Sechstes Kapitel Seite 092-109
Release & Finish
Release | 094
Hitting & Targetline | 099
Balance | 100
Endposition | 102
Radius & Kraft | 104
Fade | 106
Draw | 107
Slice | 108
Hook | 109

Siebtes Kapitel Seite 110-125
Kurzes Spiel
Der Pitch | 112
Die 3 Grundbewegungen | 114
Mythos Winkel | 117
Balllage / Flughöhe | 118
Pitch mit und ohne Release | 120
Dosierung Rückschwunglänge | 122
MB-Wedgesystem (SW) | 124

Achtes Kapitel Seite 126-139
Im Bunker
Im Bunker | 128
Setup Bunker | 129
Der richtige Griff im Bunker | 130
Erst den Sand | 131
Schwungkurve | 132
Bounce | 134
Spiegelei | 135
Distanzdosierung | 137
Fairwaybunker | 138

Neuntes Kapitel Seite 140-149
Der Chip
Der Chip | 142
Grundbewegung Chip | 143
Balllage / Schaftstellung | 144
Körperschwerpunkt | 146
Fußstellung | 147
Endstellung | 149

+0.0

Zehntes Kapitel Seite 150-157
Chipsystem
Das MB-Chipsystem | 152
Schlägerformel | 154
Flugstrecke / Rollstrecke | 156

Elftes Kapitel Seite 158-179
Putten
Putten | 160
Der Ball muss rollen | 161
Setup Putten | 162
Mit den Augen über dem Ball | 164
Putterfitting | 165
Lie & Länge des Putters | 166
3 Bewegungen des Puttens | 167
Handgelenke | 169
Bewegung der Arme | 170
Bewegung der Schulter | 171
Puttbewegung | 172
Die 4 Treffmoment-Faktoren | 174
Üben mit System | 175
Doppelte Puttschnur | 176
Sicherheitszone | 178

Zwölftes Kapitel Seite 180-193
Schwierige Lagen
Rough | 182
Bergab | 184
Bergauf | 185
Über dem Ball | 186
Unter dem Ball | 187
Flach aus dem Wald | 188
Hindernisse umspielen | 190
Über Hindernisse spielen | 192
Über Wasser spielen | 193

Dreizehntes Kapitel Seite 194-199
Schlechtes Wetter
Gegen den Wind | 196
Seitlicher Wind | 197
Spiel im Regen | 198

Vierzehntes Kapitel Seite 200-207
Taktik
Taktik Par 5 | 202
Taktik Par 4 | 204
Taktik Par 3 | 206

Fünfzehntes Kapitel Seite 208-213
Psychologie
Psychologie: Abschlag | 210
Psychologie: Kurze Putts | 211
Ansprechroutine | 213

Sechzehntes Kapitel Seite 214-217
Spielformen
Handicap, Lochwettspiel, Zählwettspiel | 216
Spielarten | 217

Siebzehntes Kapitel Seite 218-227
Etikette und Regeln
Golf - Spiel der Ehre, Sicherheit | 220
Vorrecht, Rücksicht, Spieltempo | 221
Richtiges Droppen | 222
Out of bounds | 223
Bunkerregeln | 224
Farbige Markierungen | 225
Unklarheiten | 226
Ball markieren, Pitchmarken ausbessern | 227

Achzehntes Kapitel Seite 228-397
Schwunganalysen

Neunzehntes Kapitel Seite 398-400
Glossar, Grüße

Im Pro Shop $^{-1.0}$

Im folgenden Kapitel zeigen wir Ihnen alles, was nötig ist, um eine Golftasche für alle Bedingungen perfekt gepackt zu haben.

Golfbag -1.1

Ein Golfbag ist keine Wundertüte...

Golftaschen gibt es in zwei verschiedenen Arten: Die einen werden getragen und sind deshalb leicht. Die anderen dagegen werden auf dem Caddywagen oder auf dem Golfcart befestigt und sind wesentlich größer, schwerer und stabiler.

Die Tragetaschen haben meist einen eingebauten Ständer, damit man sie nicht auf den Boden legen muss. Die Tasche sollte aus leichtem Material gefertigt sein und trotzdem genügend Stabilität in den Seitenbereichen besitzen, damit sie beim Hinstellen nicht zusammensackt und die Golfschläger sich beim Herausziehen gegenseitig behindern. Ein geringes Eigengewicht ist bei diesen Taschen sehr wichtig, da man sie auf der Golfrunde während einer Zeitdauer von drei bis fünf Stunden und über längere Strecken hin tragen muss. Man sollte sie deshalb auch nicht mit unnötig vielen Bällen, Wasserflaschen und sonstigem Ballast beladen, sondern sich bei der Ausstattung auf das Wesentliche beschränken.

Ist man jedoch mit einem großen Tourbag unterwegs, das nicht getragen werden muss, darf die Ausstattung schon mal etwas großzügiger bemessen sein. Diese Taschen sind fester gebaut, haben einen wesentlich größeren Durchmesser und größere Seitentaschen.

-1.1

Good to know.
**Tourspieler bekommen ihr Bag vom Caddy getragen.
Ersetzen Sie den Caddy durch leichte und gut zu bewegende Trolleys. Das spart Kraft!**

PTS SOLO
Der "Feel-Good-Golfball" der Freizeitgolfer.
Der schnelle Kern und seine weiche, haltbare Schale
lassen diesen Ball schnell an Flughöhe gewinnen.

Pro V1 392
Einer der besten Bälle, die es derzeit zu kaufen gibt.
Er erzielt weite Distanzen, bietet ein sehr gutes Gefühl
im Treffmoment und ermöglicht ein gutes kurzes Spiel.

NXT-Tour
Dieser Ball ist besonders für Spieler geeignet, die
eine Verbesserung ihrer Schlaglänge erreichen wollen.
Er optimiert das Gefühl rund um das Grün.

Fore!

Nummern
Golfbälle sind in der Regel mit unterschiedlichen Zahlen
von 1-6 gekennzeichnet. Dies soll in der Praxis den Spielern
eine Erleichterung zum Unterscheiden der Bälle geben.

Logos
Heutzutage hat man die Möglichkeit, seine Bälle
bei der Bestellung mit einem Logo bedrucken zu lassen.
Dies dient zur besseren Unterscheidung,
ist aber auch Werbung in eigener Sache.

Markieren Sie Ihre Bälle mit einem geraden Strich.
Dieser ist Ihnen bei geraden Puttlinien eine Hilfe, da er
- ausgerichtet auf das Ziel - die Schlagflächenstellung
und Ausrichtung des Körpers unterstützt.

Pro V1x
Sehr guter Ball,
der etwas weniger Spin produziert als der ProV1.

Lassen Sie sich zusätzlich ein eigenes Logo einfallen, mit
dem Sie den Ball markieren. Im Spiel können Sie Ihren Ball
damit leichter finden und identifizieren. Auch unterschiedliche Farben helfen, Ihren Ball individuell zu markieren.

Bälle -1.2

Alles drin, alles dran.

Bälle gibt es in vielen Varianten. Sie unterscheiden sich vor allem durch ihren Aufbau: Die einfachsten Bälle bestehen aus nur einem Material. Sie sind leicht zu produzieren und daher nicht nur mit Abstand die preisgünstigsten, sondern auch die schlechtesten Bälle. Sie werden in erster Linie auf der Driving Range verwendet. Während es früher noch Bälle gab, die zum Teil aus natürlichen Bestandteilen wie dem kautschukähnlichen Balata gefertigt waren (daher der bekannte Balataball), gibt es heute nur noch synthetische Bälle aus bis zu vier Teilen in unterschiedlichen Aufbauweisen. Sie unterscheiden sich in ihren Eigenschaften sehr. Es ist wichtig, dass Sie möglichst immer denselben Ball spielen. Nur so kann sich bei Ihnen ein gleichmäßiges Gefühl für die Eigenschaften eines Balles einstellen. Der Ball, den Sie für sich wählen, sollte möglichst viele gute Eigenschaften in sich vereinen:

Schlagweite: Möglichst lang soll der Ball fliegen. Es gibt nichts Schöneres, als alle Hindernisse zu überspielen oder der Spieler mit dem längsten Schlag im Flight zu sein.
Schlaggefühl: Ein besonders weiches Gefühl im Treffmoment ist wünschenswert.
Flughöhe: Für Anfänger muss der Ball schnell an Höhe gewinnen. Für Profis hingegen sollte er eher flacher fliegen.
Dosierbarkeit: Durch ein intensives, weiches Treffmoment entsteht ein gutes Distanzgefühl - Kontrolle und Geradeausflug.
Spinverhalten: Der Ball sollte die Fähigkeit haben, Spin anzunehmen. Dieser ist wichtig für die Flughöhe und das Bremsen des Balles auf dem Grün. Daher ist es wichtig, dass der Ball genügend Gefühl vermittelt und sich nicht zu hart anfühlt.

Entscheiden Sie sich für einen Balltyp. Dies wird Ihr Spiel verbessern.

Dein Freund, der Ball.

Handschuhe -1.3

Welcher Handschuh?

Es gibt zwei unterschiedliche Handschuhtypen: Den Allwetter- und den Lederhandschuh. Für den Hobbyspieler ist der synthetische Allwetterhandschuh zu empfehlen, da er am leichtesten zu handhaben ist. Das Griffgefühl des Allwetterhandschuhs ist mittlerweile so ausgereift, dass er vom Lederhandschuh auf den ersten Griff kaum noch zu unterscheiden ist. Während der Lederhandschuh schon nach leichtem Kontakt mit Feuchtigkeit hart wird, ist der Allwetterhandschuh unverwüstlich. Er behält seine Form perfekt bei, auch wenn er längere Zeit nicht getragen worden ist. Der Lederhandschuh wird meist nur von Profis getragen, die auf sein besseres Griffgefühl schwören.

Der Handschuh, den Sie wählen, muss genau passen. Er sollte keine großen Falten in der Handfläche werfen, da dies das Gefühl zum Schläger vor und während des Schlages beeinträchtigt.

Allwetterhandschuh | **Lederhandschuh**

-1.3

Good to know.
**Lederhandschuhe eignen sich nur bei gutem Wetter.
Man sollte daher immer einen Allwetterhandschuh im Bag haben.**

Tees -1.4

Immer dabei ...

Auch Tees sollten in ausreichender Zahl in Ihrer Golftasche vorhanden sein: Es gibt Tees aus Holz und Plastik in verschiedenen Größen und für kleines Geld. Ein normal hohes weißes Tee aus Holz ist immer die richtige Wahl. Wer etwas höher aufteen möchte, kann auch gern die etwas längeren Tees nehmen. Hierdurch wächst aber auch die Gefahr, den Ball zu unterschlagen, was zu Kratzern auf der Oberfläche der Hölzer führen kann. Am besten bewahren Sie ihre Tees an einem bestimmten Ort auf, damit Sie sie nicht suchen müssen, wenn es darauf ankommt. Dies gilt im Übrigen für Ihre gesamte Ausrüstung: Jeder Bestandteil sollte seinen angestammten Platz in Ihrer Golftasche haben.

Stifte -1.5

Stifte vergessen zählt nicht. Die gibt es kostenlos!

Bleistifte gibt es in der Regel kostenlos im Clubhaus oder am Caddy- oder Starterhäuschen. Ein Bleistift ist obligatorisch, da Sie ihn benötigen, um damit Ihren eigenen Score oder den Ihrer Mitspieler auf der Scorekarte einzutragen. Bleistifte sollten Sie in genügender Anzahl dabeihaben, denn schnell verliert man einen oder die Spitze bricht ab. Auch fehlt oft einem der Mitspieler ein Bleistift - aber Sie haben dieses Buch gelesen: Sie sind darauf vorbereitet, können schnell aushelfen und dadurch die Stimmung im Flight freundlich gestalten.

Pitchgabel -1.6

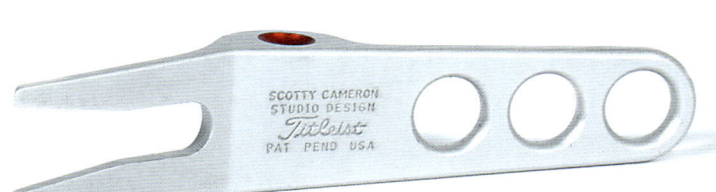

Grünpflege ist und bleibt ein Muss.

Als Bestandteil der Etikette ist zügiges Spielen ebenso wichtig wie der regelmäßige und richtige Gebrauch einer Pitchgabel. Der durch den aufschlagenden Ball verdichtete Boden muss wieder gelockert und angehoben werden, damit das Gras weiterhin gute Voraussetzungen zum Wachsen hat. Spieler mit guter Etikette beseitigen daher nicht nur ihre eigene, sondern auch mindestens eine weitere Pitchmarke. Zeigt es doch, dass der Spieler pfleglich mit dem Platz umgeht und im Sinne des Fairplay den nachfolgenden Spielern durch Beseitigen der Pitchmarken die gleichen Voraussetzungen zum guten Spielen bereitet.

Ballmarker -1.7

Ein markierter Ball findet immer seinen Spieler.

Wenn man den Ball auf dem Grün mit einem Ballmarker markiert, muss man ihn auch gut wiederfinden können. Der Marker sollte also groß genug sein. Hierbei empfiehlt sich z.B. eine große Münze. Diese findet man auch ohne langes Suchen schnell in der Hosentasche wieder. An vielen Handschuhmodellen ist sogar ein kleiner Ballmarker befestigt. Allerdings ist er aufgrund seiner 'Größe' auf dem Grün oft nur schwer wiederzufinden.

Regenausrüstung -1.8

So kommt der Regen nicht ins Spiel.

Die Erfahrung zeigt, dass nicht selten eine ganze Turnierrunde von Regen begleitet ist. Man sollte sich daher alle Mühe geben, sich selbst und die Ausrüstung trocken zu halten, denn mit nassem Material spielt man nicht sein bestes Golf.

Ein moderner Regenanzug hilft dabei sehr. Da diese Anzüge in der Regel alle ausreichend regendicht sind, sollten Sie darauf achten, dass Ihr Anzug zusätzlich atmungsaktiv ist, indem er überflüssige Feuchtigkeit nach außen hin abgibt und so das Klima auf der Haut reguliert. So wird Ihnen bei einem Regen im Sommer nicht zu warm, und Sie kommen nicht so schnell ins Schwitzen. Außerdem sollte der Anzug einen hohen Kragen haben, damit Ihnen beim Putten im Regen das Wasser nicht von oben in die Jacke hineinläuft.

Der Regenschirm ist ein weiterer Schutzschild gegen schlechtes Wetter. Ein guter Regenschirm ist leider recht teuer. Günstigere Modelle leisten jedoch nur an windstillen Regentagen gute Dienste. Kommt zum Regen noch starker Wind hinzu, werden sie hingegen sehr schnell beschädigt. An solchen Spieltagen sieht man sie oft auf dem Platz in Mülleimern stecken. Daher sollten Sie lieber in einen guten Regenschirm investieren. Er sollte größer sein als ein normaler Schirm, damit er auch Ihre Ausrüstung schützen kann. Am Caddywagen sollten Sie zusätzlich einen Schirmhalter anbringen, an dem man den Schirm befestigen kann. So verhindert der Schirm, dass es in die Tasche hinreinregnet, während Sie Dinge herausholen. Außerdem haben Sie so beide Hände frei.

Bei Regen Gold wert.

Nehmen Sie bei jedem Wetter Handtücher mit auf die Runde.

Schuhe -1.9

Immer schön bequem ...

Zum guten Spiel bedarf es eines Golfschuhs, der alle wichtigen Eigenschaften vereint: Er sollte genügend Stabilität bieten und gleichzeitig so beweglich sein, dass der Spieler den Fuß seitlich gut abrollen kann.

Ein normaler Joggingschuh dagegen ist ungeeignet für das Golfspielen, da er nur für ein Abrollen nach vorne gebaut ist. Er gehört weder auf die Driving Range noch auf den Golfplatz. Zum besseren Halt befinden sich unter dem Golfschuh die Spikes. Diese lassen sich auswechseln. Während die Spikes früher aus Metall waren, werden heutzutage nur noch Spikes aus Kunstoff getragen.

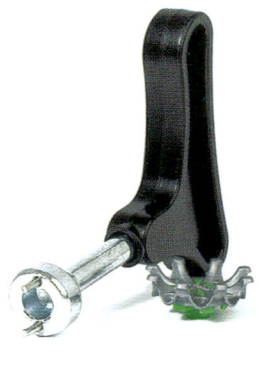

Foot Joy Classic

Spikeschlüssel

-1.9

Need to know.

Am Schuhwerk sollte nicht gespart werden.

Golfschuhe müssen auch nach einer Runde von 6 Stunden noch bequem sein.

Golfschläger -2.0

Jeder Golfer sollte nur "gefittete" Schläger spielen, die an seine persönlichen Körpereigenschaften angepasst sind.

-2.1

Das richtige Werkzeug.

Seien Sie ehrlich: Gehen Sie in ein Schuhgeschäft und fragen nach einem schönen Schuh, sagen aber "Die Größe ist egal"? Zwar könnte der Schuh, der Ihnen gebracht wird, zufällig sogar passen, aber die Wahrscheinlichkeit ist sehr gering.

Genauso ist es mit Golfschlägern von der Stange: Sie werden wahrscheinlich nicht zu Ihnen passen. Die Zahl der Variablen, die sich aus Schaftlänge, Lagewinkel, Griffstärke, Art des Schaftes, Kickpoint und Gewicht des Schlägers ergeben, ist so groß, dass man beim Kauf nichts dem Zufall überlassen darf. Das richtige Material kann für Sie nur der Pro oder der Clubfitter herausfinden. Ob Anfänger oder Fortgeschrittener - jeder profitiert davon, weil es ihm die Möglichkeit gibt, von vornherein die richtige Ansprechhaltung einzunehmen. Die Körperbewegung passt sich so nämlich gleich dem endgültigen Schlägersatz an.

Fairway Holz

Wedgesystem

-2.1

Need to know.
Kaufen Sie keine Schläger von der Stange.
Nur mit einem an Sie persönlich angepassten Schläger werden Sie Ihr Spiel weiterentwickeln.

Wedgesystem und Eisen -2.2

Wedges und Eisen.

Am oberen Ende des Schlägersatzes befinden sich die Wedges. Es ist zu empfehlen, gleich mehrere von ihnen mit auf die Runde zu nehmen, da der Bereich um das Grün und Schläge bis 100 Meter über 60% aller Schläge einer Golfrunde ausmachen. Deshalb sollte man die Schlaglängen seiner Eisen genau kennen. Nur so kann man Schläge mit dem nötigen Vertrauen in Richtung des Grüns oder sogar an die Fahne spielen.

Eisensatz (3-PW)

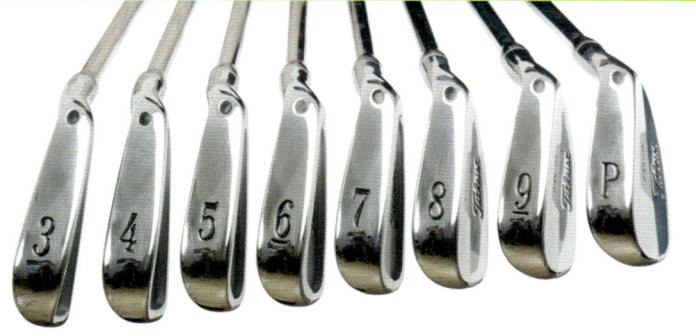

Lobwedge
Besonders geeignet für kurze und hohe Bunkerschläge. Er ist auch für Schläge über hohe Hindernisse sowie bei Situationen mit wenig Grün zu empfehlen.

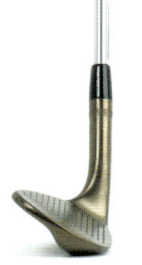

LW

Sandwedge
Der Klassiker für normale Bunkerlagen. Er darf in keinem Bag fehlen.

SW

Targetwedge
Es schließt die große Lücke von 8° zwischen PW und SW. Der normale Abstand zwischen zwei Schlägern beträgt nämlich sonst 4° Loft.

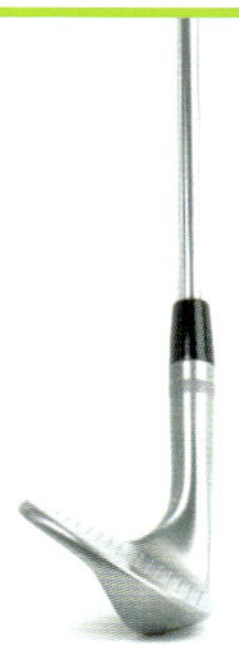

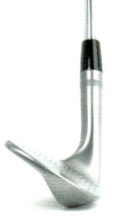

TW

X Lobwedge
Dieser Schläger sollte außer im Bunker nicht benutzt werden, schon gar nicht im Rough. Aufgrund seines starken Lofts rutscht er sonst immer unter dem Ball durch, ohne ihm einen Vorwärtsimpuls zu geben.

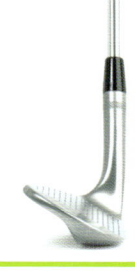

XL

Pitchingwedge
Da die Schlägersohle beim Pitchingwedge kaum gerundet ist, eignet es sich besonders gut zum Spielen auf hartem Boden oder in Situationen mit wenig Gras unter dem Ball.

PW

Eisen -2.3

Eisen 9
Ein kurzes Eisen. Spielen Sie lieber ein lockeres Eisen 9, statt das Pitchingwedge mit zu viel Kraft zu spielen, um auf dieselbe Distanz zu kommen.

E9

Eisen 8
Zwischen den kurzen und den mittleren Eisen. Durch seine 40° Loft bringt es den Ball mühelos zum Steigen.

E8

Eisen 7
Ein mittleres Eisen. Das weltweit beliebteste Eisen. Es ist durch das gute Verhältnis von Loft und Schaftlänge leicht zu spielen.

E7

Eisen 6
Ein mittleres Eisen, das sehr ausgewogen in seinen Eigenschaften ist.

E6

Eisen 5
Ein mittleres Eisen. Dieses ist das längste Eisen, das ein ungeübter Spieler verwenden sollte.

E5

Eisen 4
Ein langes Eisen. Nur für gute Spieler zu empfehlen. Weniger geübte sollten es nur vom Tee beim Abschlag spielen.

E4

Eisen 3
Ein langes Eisen. Eigentlich für die meisten Spieler zu schwer zu spielen. Spielen Sie daher lieber einen Hybrid-Schläger, wenn Sie diese Distanz spielen wollen.

E3

Eisen 2
Ein langes Eisen für sehr gute Spieler. Dieses Eisen ersetzt das Holz 5 im Bag, wobei sein Ballflug wesentlich flacher ist. Auf einem kurzen Par 4 kann man es auch zum Abschlagen verwenden.

E2

Hybrid -2.4

Hybridschläger.

Eine der besten Erfindungen der Schlägerindustrie.

Früher gab es einen für den Einsatz im Rough besonders geeigneten Schläger: den Ginty. Er hatte eine besonders schwere Sohle aus Blei, mit der man wunderbar durch das tiefe Gras kam.

Die Hybriden sind ebenfalls eine große Erleichterung im Rough, da sie durch ihren tiefen Schwerpunkt und die runde Sohlenkonstruktion den Ball gut steigen lassen. Viele der heutigen Hybriden haben einen steilen Lagewinkel, wodurch sie sich nicht so gut für kleinere Personen eignen. Für viele Spieler ist der steile Lagewinkel jedoch eine große Hilfe, da sie dadurch weniger slicen. Durch die steile Bauart schwingen diese Spieler steiler und erreichen dadurch einen steileren Eintreffwinkel, ideal also für schlechte Lagen.

Mehr als zwei Hybriden sollte man nicht mit auf die Runde nehmen. Sie sollten eine Nummer Abstand voneinander haben (z.B. Hybrid 3 und Hybrid 5).

Hybrid

Hybrid 5
Ein wirklich sinnvoller Hybridschläger, da man leicht mit ihm zurechtkommt. Er spielt den Ball leicht in die Luft und hat eine sehr gute Schlagweite. Der Ball fliegt wesentlich weiter als beim Eisen 5.

H5

Hybrid 4
Sehr gut als Ergänzung zum Schlägersatz. Sowohl für Spieler mit sehr gutem, als auch hohem Handicap geeignet.

H4

Hybrid 3
Für gute Spieler am Abschlag und auf dem Fairway sehr geeignet.
Er spielt den Ball wesentlich weiter als ein Eisen 3.

H3

Fairwaywoods -2.5

Fairwaywoods.

Die Sohlenkonstruktion der Fairwayhölzer erlaubt es dem Schläger, besonders leicht vom Boden abzuprallen. Ein Fairwayholz sollte nämlich ohne oder mit nur sehr wenig Divot gespielt werden. Ein Divot mit dem Holz kann schnell entstehen, wenn die Spitze des Holzes zu früh rotiert und deshalb der Boden zuerst mit der Spitze des Schlägers getroffen wird. Im Allgemeinen müssen die Hölzer nicht so spät getroffen werden wie die Eisen. Deshalb haben Spieler, die nicht so gute Eisenschläge haben, oft ein sehr gutes Spiel mit den Hölzern: Sie schlagen früh und lösen früh den Winkel zwischen Arm und Schläger auf.

Holz 7
Perfekter Allround-Schläger für Schläge ins Grün und aus dem Rough.

H7

Holz 5
Sehr wichtiger Schläger, der in vielen Situationen eingesetzt werden kann. Sowohl vom Fairway als auch vom Abschlag leicht zu spielen.

H5

Holz 4 (+)
Ein Holz 4 mit dem Loft eines Holz 3 und einem längeren Schaft als der Standardschaft des Holz 4. Durch den geringeren Loft und den längeren Schaft erzielt es eine größere Länge als ein normales Holz 4.

H4

Holz 9
Gut für Schläge aus dem Rough.
Hohe Flugbahn.
Der Ball stoppt schnell auf dem Grün.

H9

Holz 3
Schwierigstes Holz vom Fairway, da es den geringsten Loft hat. Der Ball hat eine lange, flache Flugbahn. Wichtig für das Spielen von Par-5-Löchern.

H3

Driver -2.6

Benötige ich einen neuen Driver?

"Er trat zurück und schaute mich mit großen Augen an: 'Dieser Ball war viel zu hoch, oder?' In der Tat war der Ball sehr hoch geflogen und zu allem Überfluss auch noch rechts in den Bäumen gelandet. Verständnislos blickte der Spieler auf seinen Driver: '9,5 Grad. Der müsste doch eigentlich flacher fliegen. Gibt es das Modell auch mit weniger Loft (Schräge der Schlagfläche)? Vielleicht mit 8, 7 oder 6 Grad, damit der Ball dann flach fliegt?'"

Natürlich gibt es Driver auch mit weniger Loft, doch werden sie das Problem dieses Spielers nicht lösen, ganz im Gegenteil: Driver mit noch weniger Loft würden dieses Problem sogar noch verschlimmern.

Der Driver passt nicht zu Ihnen, wenn …

… der Schläger sich beim Schlag leblos und trocken anfühlt.
… das Gewicht des Schlägers zu hoch ist.
… der Schläger sich im Schlag zu wackelig anfühlt und zu sehr streut.
… Sie mit Holz 3 oder Holz 7 weiter schlagen als mit dem Driver.
… Ihre Holzschläge gerade sind, nur die Drives nicht.
… der Ballflug zu hoch oder zu flach ist.
… der Ball nach dem Aufkommen nicht genug rollt.

Driver 9,5°

Long Life Tee

Putter -2.7

- Schutzhaube
- Center Shafted
- Classic
- New Age

Welcher ist denn nun der beste Putter?

Putter sind sehr verschiedenartig gebaut.

Sie bestehen wie die anderen Schläger auch aus Kopf, Schaft und Griff. Die Verbindung von Schaft zum Kopf nennt man Hosel, und diese kann beim Putter verschiedene Formen haben:

Offsethosel: **Die Schlagfläche liegt hinter dem Schaft.**
Onsethosel: **Die Schlagfläche liegt vor dem Schaft.**

Außerdem sind die Hosel sehr unterschiedlich gebogen. Im Zusammenspiel mit dem Putterkopf und dessen zahlreichen Formen ergibt sich eine Optik, die auf jeden Menschen anders wirken kann. Doch ist es besonders die Optik des Putters, welche die Zielfähigkeit des Spielers beeinflusst: Für den einen Spieler mag ein bestimmter Putter der Richtige sein, während der andere mit ihm ständig nach links, ein weiterer wiederum fortwährend nach rechts vom Loch zielt. Jeder Spieler braucht daher einen Putter, mit dem er optimal in Richtung des Lochs zielen kann.

Für den Anfang ist ein Putter mit dem Schaft in der Mitte der Schlagfläche wohl am geeignetsten: So vergrößert sich der Sweetspot, und der Schläger bleibt auch bei schlecht und nicht in der Mitte der Schlagfläche getroffenen Bällen in der Führung sehr stabil. Außerdem fällt es den meisten Schülern leicht, mit diesem Puttertyp gut zu zielen.

Blade oder Cavity $^{-2.8}$

Cavity-Schläger und Blade-Schläger.

Bei Cavity-Schlägern ist das Gewicht mehr außen um die Schlagfläche herum verteilt als beim Blade-Schläger. Der Ball fliegt dadurch selbst dann noch mit einer ansprechenden Distanz und Länge, wenn man ihn schlechter trifft. Manche mögen jedoch lieber Blade-Schläger, die das Gewicht mehr in der Trefferfläche der Schlagfläche vereinen. Er zeigt Ihnen, ob Sie den Ball schlechter getroffen haben, da er schlecht getroffenen Bällen gegenüber kaum Toleranz zeigt. Wenn Sie immer wissen wollen, wie es um Ihre Technik bestellt ist, sollten Sie Blades spielen.

In der Regel möchte man jedoch mit einem Schläger spielen, der schlecht getroffene Bälle 'besser' macht. Wenn es Ihnen auch so geht, sind Sie mit Cavity-Schläger besser beraten.

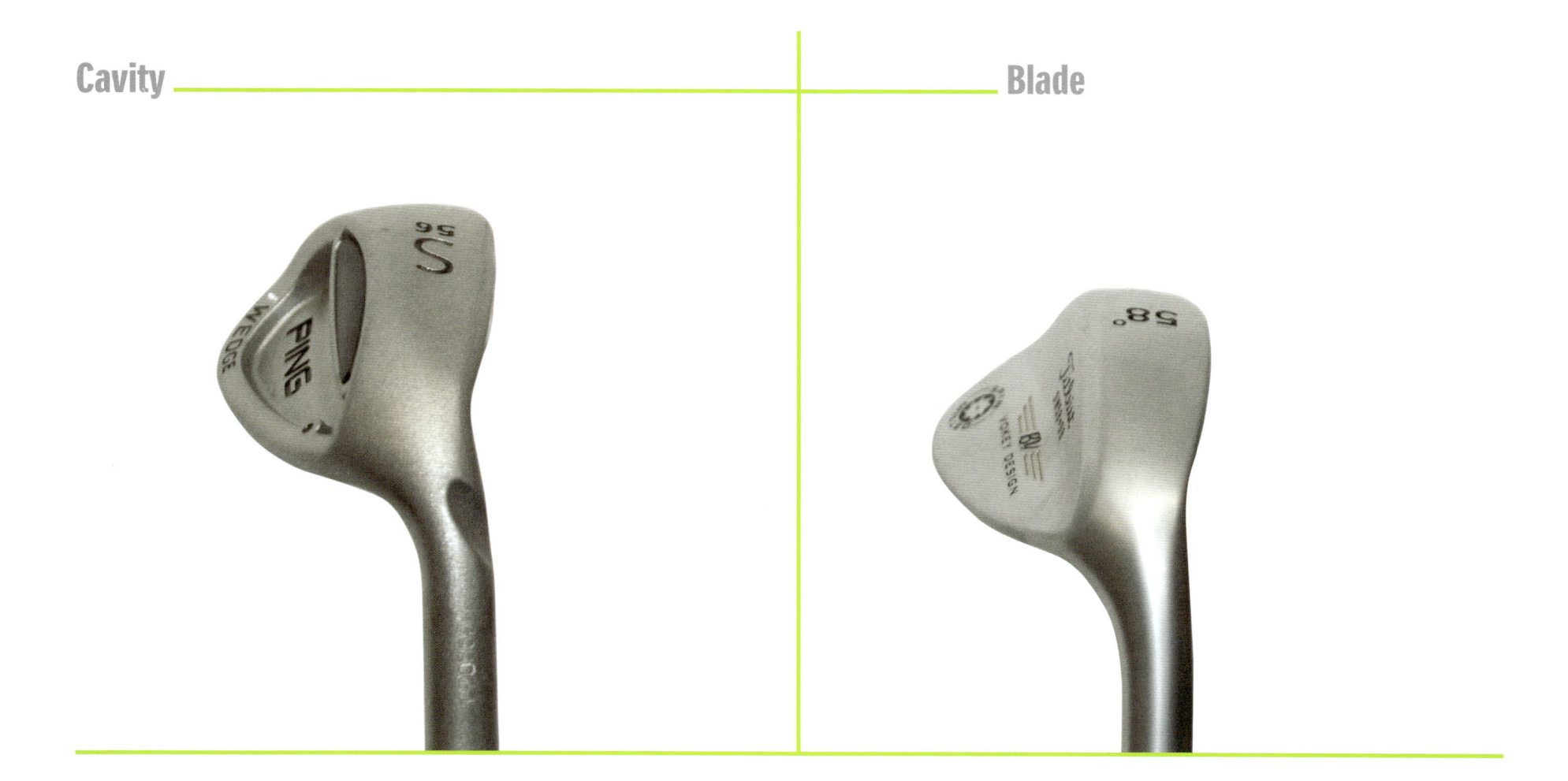

Cavity — — — — — — — — — — — — — — — — **Blade**

-2.8

Need to know.

Reinigen Sie nach jedem Schlag Ihren Schläger.
Verunreinigungen der Schlagfläche beeinträchtigen Ihr Spiel.

Beispielset "Damen" -2.9

Hölzer sind Trumpf.

Damen sollten ihre Golftasche mit bis zu fünf Hölzern ausstatten. Der Eisensatz sollte vom Eisen 6 bis zum Sandwedge gestaffelt sein. Lange Eisen sind nicht zwingend notwendig, da sie schwieriger zu spielen sind. Spielerinnen mit niedriger Schlägerkopfgeschwindigkeit sollten daher auf sie verzichten. Größere Damen tendieren oft zu Herrenschlägern mit Senioren- oder Lightschäften. Diese passen oft besser von der Schaftlänge, da sie 1 Inch (2,52cm) länger als Damenschläger sind, jedoch werden sie oft in der Schaftflexibilität als zu hart empfunden.

Mögliche Combo   Holz 1, 4, 7, 9, 11 oder Holz 1, 3, 5, 7, Resque 3, 5
Eisen 6, 7, 8, 9, PW, TW, SW
Putter

Beispielset "Kids" -2.9

Weniger Schläger und Gewicht für die Kinder.

Kinder sollten nicht mit zu vielen Schlägern auf die Runde gehen - die noch im Wachstum befindlichen Knochen sollten so wenig Gewicht tragen müssen wie möglich. Der Eisensatz sollte nur die Eisen 5, 7, 9, PW, SW enthalten. Bei den Hölzern genügen zwei: Ein Holz für den Abschlag und ein Holz für das Fairway. Die Schläger im Bag sollten allgemein möglichst viel Loft haben, damit sie für die Kinder leicht zu spielen sind.

Mögliche Combo   Holz 1 (16°), 7
Eisen 5, 7, 9, PW, SW
Putter

Beispielset "Anfänger" -2.9

Weniger Schläger ergeben eine leichtere Tasche.

Anfänger sollten nicht mit zu vielen Schlägern auf die Runde gehen. Der Eisensatz sollte nur die Eisen 5, 7, 9, PW und SW enthalten. Lange Eisen sind nicht notwendig, da sie schwieriger zu spielen sind. Der Anfänger würde nur versuchen, die langen Eisen in die Luft zu bekommen.

Mögliche Combo Holz 1 (13,5-16°), 5, 7
Resque 5
Eisen 5, 7, 9, PW, SW
Putter

Beispielset "Pro" -2.9

Volles Programm.

Der wirklich gute Spieler hat alle Möglichkeiten der Schlägerwahl für die Runde, da er theoretisch alle Schläger spielen kann. Er muss sich entscheiden, ob er ein Lobwedge braucht oder lieber dafür das Holz 5 mit auf die Runde nehmen soll. Ein Hybrid kann ein langes Eisen sehr gut ersetzen. Wenn man lieber Hölzer als Eisen mag, sollte man dies auch berücksichtigen.

Mögliche Combo Holz 1, 3, 5   oder Holz 1, 3
Hybrid 2   Hybrid 2 (oder Eisen 2)
Eisen 3, 4, 5 , 6, 7, 9   Eisen 3, 4, 5 , 6, 7, 9
PW, TW SW   PW, TW, SW, LW
Putter   Putter

Clubfitting -3.0

Nur durch eine präzise Vermessung werden Körper und Schläger in Einklang gebracht.

Griffe $^{-3.1}$

Der richtige Griff für jede Handgröße.

Auch Griffe beeinflussen Ihr Spiel: Zu dicke Griffe hemmen das Winkeln, dünnere hingegen forcieren es. Der Griff sollte daher gerade so dick sein, dass die Fingerkuppen den Handballen leicht berühren.

Griffe aus Cord sind etwas rauer und beanspruchen dadurch beim Üben die Hände sehr. Sie bieten aber dafür im Regen eine größere Rutschfestigkeit.

Griffe sind nicht rund, sondern oval, und müssen deshalb bei allen Schlägern gleichmäßig und genau aufgezogen werden. Ist ein Griff zu sehr nach links verschoben, so wird der Spieler slicen. Ist er dagegen zu sehr nach rechts aufgezogen, wird der Spieler hooken.

Hand Größe	Finger Größe	Griff Größe
bis 9 cm	bis 6,5 cm	-1/32
bis 9,5 cm	bis 7 cm	-1/64
bis 10 cm	bis 7,5 cm	Standard
bis 10,5 cm	bis 8 cm	+ 1/64
bis 11 cm	bis 9 cm	+ 1/32

Der Griff muss passen!

Der Schaft / Schaftflex -3.2

Der richtige Schaft zu jedem Schwung.

Es gibt grundsätzlich zwei Arten von Schäften: den Graphit- und den Stahlschaft. Stahlschäfte vermitteln ein besseres Gefühl für den Schlägerkopf und den Ballkontakt. Schwingungen, die durch den Schlag entstehen, werden den Schaft entlang bis zum Griff des Spielers weitergeleitet. Hieraus ergibt sich eine gute Rückmeldung. Der Stahlschaft ist für Spieler mit Gelenkproblemen nicht ideal. Der Graphitschaft hingegen absorbiert die Schwingungen und leitet sie nicht weiter, Aufprallschmerzen werden dadurch minimiert. Deshalb ist er für Spieler mit Gelenkproblemen mehr zu empfehlen. Beide Schäfte gibt es in allen Flexibilitäten. Außerdem hat jeder Schlägerschaft einen Kickpoint - der Punkt, an dem der Schaft sich am leichtesten biegen lässt. Je höher dieser Punkt am Schaft liegt, desto mehr fliegt der Ball in einer flachen Flugkurve. Liegt er tiefer, dann fliegt der Ball höher in die Luft.

1. Stahlschaft:
Gefühlvollster Schaft, aber nicht der längste.

2. Graphitschaft:
Je nach Kickpoint fliegt der Ball höher oder flacher.

3. Graphitschaft mit wenig Verwindung
Die innere Schaftverdrehung im Schwung ist sehr gering. (Torque)

4. Graphit-Damenschaft:
Abgestimmt auf die niedrigere Schlägerkopfgeschwindigkeit von Frauen.

5. Graphitschaft mit hoher Ballflugkurve.
Lässt den Ball einfach steigen.

Schaftwahl -3.3

Wie wähle ich meinen Schaft?

Der Schaft sollte unbedingt zu Ihrem Spiel passen. Von den zwei grundlegenden Schafttypen, dem Graphit- und dem Stahlschaft, werden die Graphitschäfte überwiegend für die Hölzer verwendet, da sie größere Schlagweiten erzeugen als Stahlschäfte. Für die Eisen hingegen finden beide Typen Verwendung. Der Stahlschaft vermittelt dabei das bessere Gefühl beim Treffen des Balles. Er wird von den stärkeren Spielklassen fast ausschließlich gespielt. Der Graphitschaft hingegen bezieht seine Vorteile aus seinem geringen Gewicht und seinem besseren Absorptionsverhalten von Vibrationen bei schlecht getroffenen Bällen. Er ist erste Wahl für Spieler mit Gelenkproblemen, kurzer Schlagweite und wenig Kraft.

Man sollte einen Schaft spielen, der auch dann zu einem passt, wenn man mal eine nicht so herausragende Runde spielt.

Welcher Schaft passt zu welchem Schwung?
Um beste Leistungen zu erbringen, sollte jeder Golfer mit individuell auf ihn zugeschnittenen Schäften spielen.

Dynamic Gold Stahl

-3.3

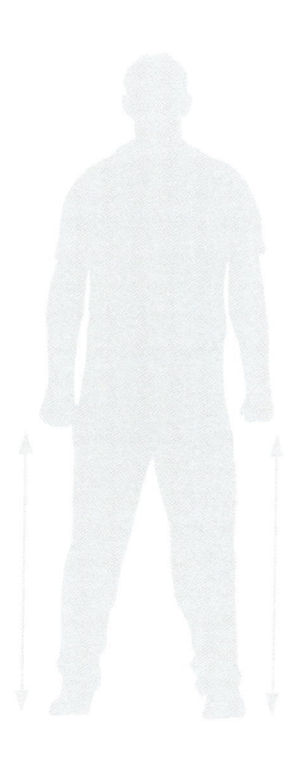

Wie ermittle ich meine Schaftlänge?

Es gibt zwei Arten des Clubfittings: Das dynamische und das statische Clubfitting.

Beim statischen Clubfitting wird die Schaftlänge mittels Körpermerkmalen bestimmt. Man nimmt hierzu meist die Distanz der Handknöchel zum Boden als Bemessungsgröße. Anhand einer Tabelle lässt sich dann für den gemessenen Wert die entsprechende Schaftlänge bestimmen.

Beim dynamischen Clubfitting hingegen werden Bälle geschlagen. Dabei wird mit Hilfe von Kontrollstreifen festgestellt, wo der Ball sowohl auf der Schlagfläche als auch unter der Sohle getroffen wurde. Die Letzteren sind so spezifisch und unterschiedlich, dass sie sich anhand von Vergleichsabdrücken zuordnen lassen. Der Clubfitter kann durch erneutes Verändern und Kontrollieren den richtigen Schläger bestimmen.

Die beste Methode besteht in einer Kombination beider Arten des Clubfittings. Der richtige Schaft sollte es dem Spieler ermöglichen, athletisch am Ball zu stehen, saubere Abdrücke in der Mitte der Schlagfläche und Sohle zu produzieren und einen geraden Ballflug zu haben.

Distanz zum Boden	Schaftlänge
ab 61 cm	36,0 inch
ab 69 cm	37,0 inch
ab 77 cm	38,0 inch
ab 85 cm	39,0 inch
ab 93 cm	40,0 inch

Clublie -3.4

Das Problem der Lagewinkel.

Ein Problem ergibt sich, wenn der Lagewinkel Ihrer Schläger nicht richtig an Ihre Bedürfnisse angepasst ist. Der Lagewinkel des Schlägers beeinflusst nämlich stark die Startrichtung des Balles: Ein steiler Lagewinkel lässt den Ball nach links starten, ein flacher hingegen mehr nach rechts. Ist der Lagewinkel Ihrer Schläger nicht genau auf Sie abgestimmt, entstehen schnell Fehler in Ihrem Schwung: Nehmen wir einmal an, Sie müssen einige Löcher lang mit den kürzeren Eisen spielen und der Lagewinkel Ihrer Eisen ist zu flach. Dann werden Ihre Bälle einen Rechtsdrall haben. Auf diesen Drall werden Sie reagieren und versuchen, irgendetwas zu unternehmen, um dies zu beeinflussen. Wahrscheinlich werden Sie irgendwo im Schwung versuchen, die Schlagfläche so lange immer mehr zu schließen, bis der Ball halbwegs im Ziel landet. Am nächsten Loch hingegen benötigen Sie wieder ein langes Eisen. Das lange Eisen wird den Ball jetzt flach nach links neben das Grün fliegen lassen, da es mit derselben Korrektur und einem ähnlichen Gefühl für die Richtung wie die kurzen Eisen zuvor geschlagen wird. Für das längere Eisen wäre diese Korrektur aber nicht nötig gewesen. Stellen Sie nun aufgrund dieser Erfahrung das lange Eisen wieder Richtung Ziel ein, so wird das kurze Eisen wieder dort sein, wo es vorher war, nämlich rechts vom Grün. Hierdurch beginnt das Problem von neuem - ein Teufelskreis. In dieselbe Problematik gerät man auch, wenn der Lagewinkel zu steil ist: Der Spieler wird sein kurzes Eisen durch den hieraus entstehenden Drall nach links schlagen. Um dies zu korrrigieren, muss er die Schlagfläche etwas öffnen. Spielt er einen kurzen Schläger ins Ziel und nimmt anschließend ein langes Eisen, so wird der Ball durch die Kompensation von zuvor rechts neben dem Grün landen. Wie in beiden Varianten zu sehen ist, werden Bälle von kurzen Eisen durch das Lagewinkel-Problem eher beeinflusst als lange Eisen: Schläger mit viel Loft (z.B. Pitching Wedge) verursachen dieses Problem nämlich stärker als Schläger mit wenig Loft (z.B. Eisen 3).

Sie sehen also, wie wichtig es ist, dass Ihr Schlägersatz harmonisch auf Sie abgestimmt ist. Zwar lässt sich der Schwungfehler eines Spielers mitunter durch einen anderen Lagewinkel beeinflussen, ratsam ist dies jedoch nicht. Nur wenn bei einem Spieler keine Aussicht mehr auf Verbesserung des Schwunges besteht, könnte man darüber nachdenken.

-3.4

Der neutrale Lagewinkel.

Zur Bestimmung des neutralen Lagewinkels muss der Spieler eine athletische Ansprechhaltung einnehmen. Die Knie dürfen nur leicht gebeugt sein. Der Oberkörper ist so weit nach vorne gebeugt, dass die Arme locker hängen können. Das Gewicht des Körpers lastet auf der Mitte der Fußballen. Ist der Schläger vom Lagewinkel her neutral und damit passend, so ist unter der Spitze des Schlägerkopfes genau so viel Platz, dass man eine Münze darunter schieben könnte. Dieser Platz wird benötigt, damit sich der Schläger in der Dynamik des Golfschwunges versteilern kann, d.h. diese Lücke zum Boden sich während des richtigen Releases durch den Treffmoment hindurch schließen kann. Der Schläger muss mit der Mitte der Sohle aufsetzen.

neutral

-3.4

Der flache Lagewinkel.

Ist der Lagewinkel des Schlägers für den Spieler zu flach, so verändert sich sofort seine Ansprechhaltung. Da der Schläger auf der Spitze steht, beugt der Spieler seine Beine stärker und verlagert das Gewicht mehr auf die Hacken. Ein Spieler mit solch einem Schläger macht sich in der Ansprechhaltung zu klein. Die Schwungkurve ist flacher. Eine gute Stellung des Körpers im Rückschwung ist dadurch sehr schwierig.

zu flach

-3.4

Der steile Lagewinkel.

Spieler mit zu steilem Lagewinkel stehen zu sehr aufrecht, da sie die große Lücke zwischen der Schlägerspitze und dem Boden schließen wollen. Dabei überstrecken sich die Hände, und der Körperschwerpunkt verlagert sich nach vorn auf die Fußspitzen. Die Schwungkurve wird steiler. Durch Öffnen der Schlagfläche wird versucht, die Tendenz zum Hook zu vermeiden. Diese Spieler haben ein schlechtes Releaseverhalten und schwingen den Schläger nach dem Ballkontakt zu schnell nach innen. Die Arme strecken sich zu wenig in den Durchschwung hinein.

zu steil

Flugkurven -3.5

Hook, Slice und Kollegen.

Es gibt zwei Arten von Flugkurven: Solche, die im Ziel landen, und solche, die das nicht tun. Draw, Fade und der gerade Schlag landen an der Fahne. Hook und Slice hingegen verfehlen das Ziel.

Zusätzlich gibt es zwei weitere Begriffe, die die Startrichtung des Balles beschreiben: Pull und Push. Der Pull startet links, der Push rechts vom Ziel. Kombiniert man diese beiden Begriffe mit den Bezeichnungen für die Kurven Hook und Slice, so ergeben sich einige Kombinationen. Ein Pull-Slice z.B. startet links vom Ziel und landet rechts neben dem Ziel.

Der Hauptfaktor, durch den diese verschiedenen Flugkurven erzeugt werden, ist die Stellung der Schlagfläche. Sie hat mehr Einfluss auf die Flugkurve als die Schwungkurve.

Schwungkorrekturen.

Am Anfang jeder Korrektur steht der Ballflug: Er erlaubt Rückschlüsse auf die Schlagflächenstellung. Sie muss zuerst unter Kontrolle gebracht werden, wenn man den Schwung des Spielers korrigieren und verbessern will.

Es gibt zwei Arten, an sich zu arbeiten. Man verbessert entweder seinen Ballflug oder man entwickelt seinen Schwung. Auf jeden Fall sollte man ein Ziel haben, in welche Richtung sich der eigene Golfschwung entwickeln soll. Korrekturen über die Analyse des Ballflugs sind nämlich vornehmlich kurzfristiger Natur.

Birdiemaker / Orientierungskarte

-3.5

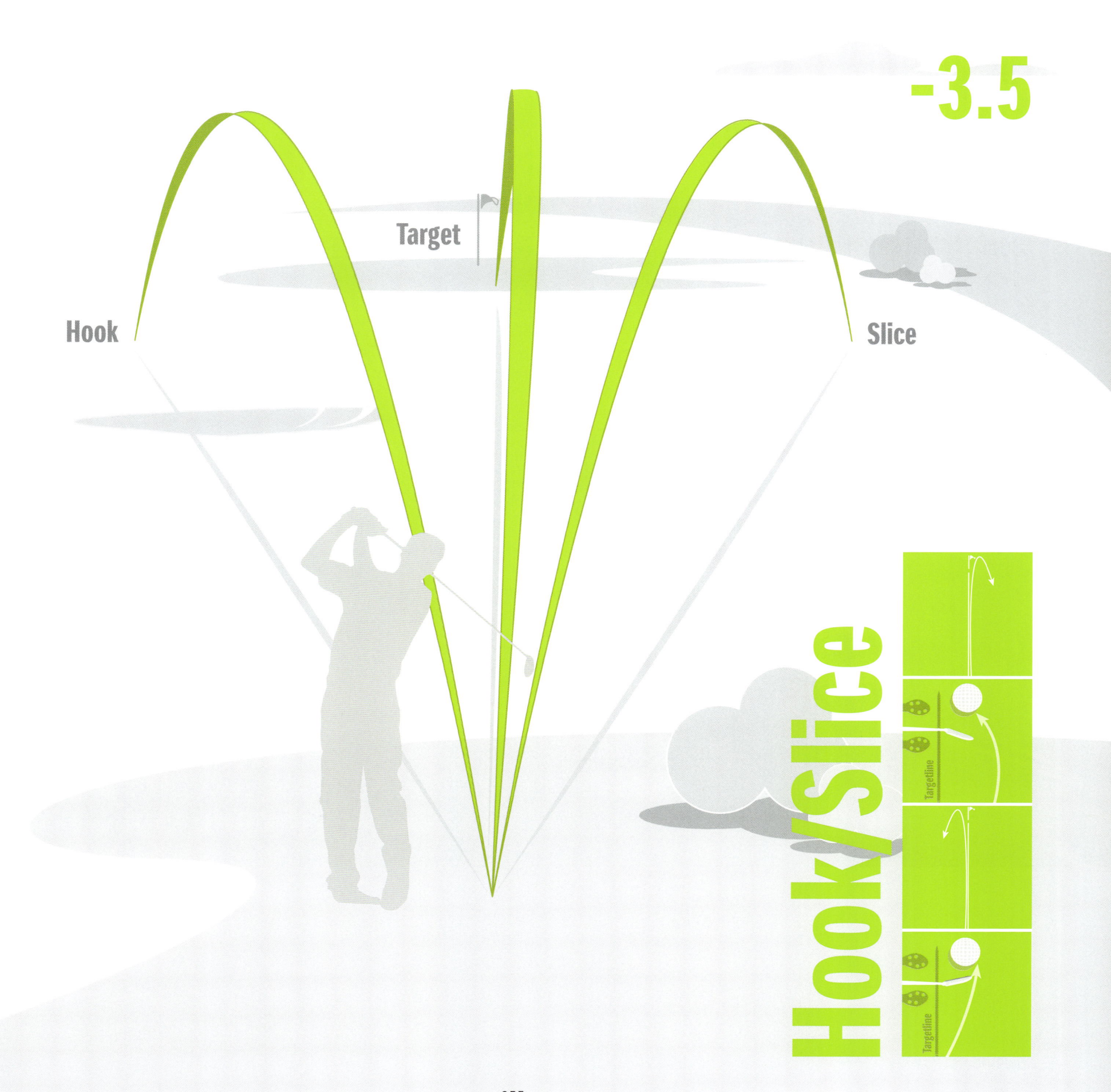

Hook   Target   Slice

Hook/Slice

055

Das Setup -4.0

Ein perfektes Setup ist für alle Golfer das Fundament für den perfekten Schlag.

Der richtige Griff -4.1

Vardon-Griff
Der meistgespielte Griff. Der Ringfinger der rechten Hand liegt zwischen Ring- und Zeigefinger der linken Hand.

1

Zehnfinger-Griff
Alle zehn Finger liegen am Griff an.
Gut für kleine Hände oder nicht so kräftige Spieler.

2

Interlocking-Griff
Der kleine Finger der rechten und der Zeigefinger der linken Hand sind ineinander verhakt.

3

-4.1

Need to know.
Ein guter Griff ist die Voraussetzung für eine gute Schlägerhaltung.

-4.1

Step 1
Der Schläger liegt fest und rutscht nicht,
wenn er mit Handballen und Zeigefinger gehalten wird,
so dass man den Schläger gut heben und winkeln kann.

Step 2
Der Daumen der linken Hand
liegt neben der Mitte des Schlägers.
Die Fingerkuppen dürfen nicht zu sehr am Handballen
anliegen.

Step 3
Das linke Handgelenk
wird beim Greifen etwas nach vorne gebeugt.
Zwischen Arm und Schläger entsteht so ein stumpfer Winkel.
Dies ist wichtig für den Release. Die Kappe des Griffes schaut
etwas nach hinten heraus.

Step 4
Die Griffkappe sollte von hinten gut sichtbar sein.

-4.1

Step 5
Der Daumen der linken Hand
passt in die Lebenslinie der rechten Hand.
Das Ende der rechten Hand
liegt am Daumengrundgelenk der linken Hand.

5

Step 6
Der kleine Finger der rechten Hand
liegt auf dem Zeigefinger der linken Hand.

6

Step 7
Der rechte Daumen liegt auf der linken Seite des Schaftes.
Zwischen den Fingern und dem Griff
darf es keine großen Lücken geben.

7

Step 8
Das "V" zwischen Daumen und Zeigefinger
zeigt zur rechten Schulter.

8

Falscher Griff / richtiger Griff $^{-4.2}$

Variante 1
Die rechte Hand liegt zu sehr auf der linken Hand.
Diese Position öffnet den Schläger im Treffmoment.
Für die meisten Spieler ist dieser Griff ein Slice-Faktor.

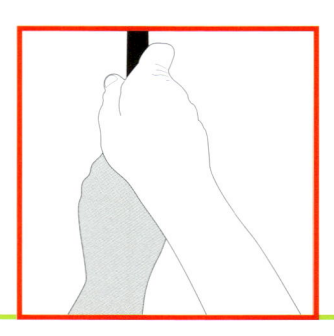

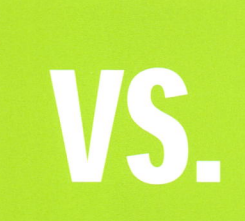

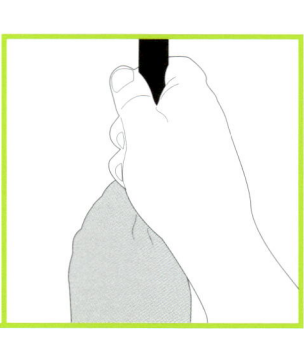

Variante 2
Die rechte und linke Hand greifen zu stark von unten.
Der klassische Hook-Griff. Interessanterweise slicen Spieler mit diesem Griff stark, da sie eine Ausgleichbewegung vornehmen.

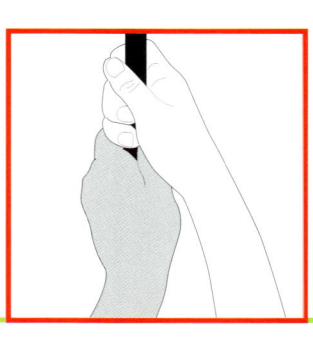

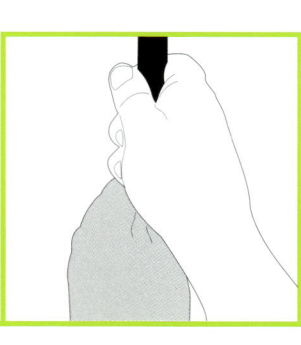

Variante 3
Die linke Hand ist zu sehr nach links gedreht,
die rechte Hand ist noch recht neutral.
Dies ergibt einen leicht schwachen Griff.
Zwischen Handrücken und Unterarm ist zu wenig Winkel.
Wird im Rückschwung nicht manipuliert, wird der Ball slicen.

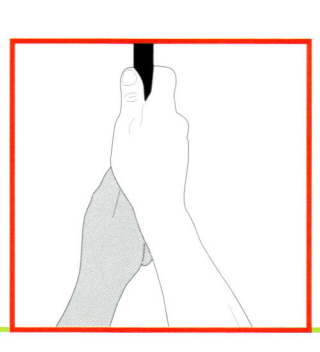

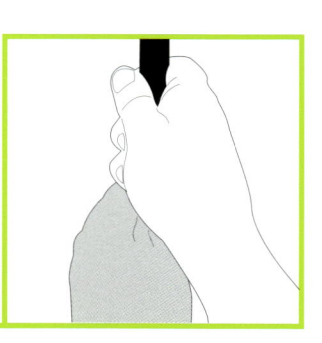

-4.2

Variante 4
Die linke und rechte Hand greifen beide
zu sehr links von der Schaftmitte (extrem schwacher Griff).
Sehr starker Slice-Faktor.

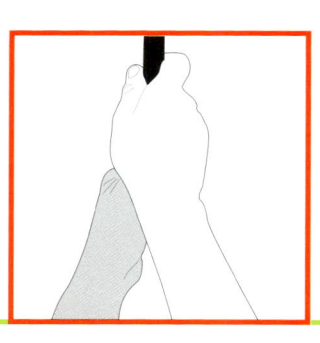

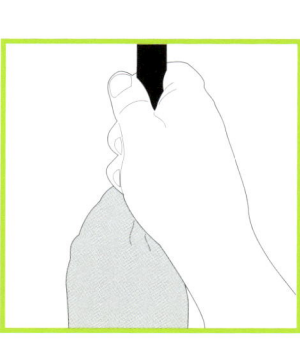

Variante 5
Der Griff der linken Hand ist schwach,
wenn der Daumen oben auf dem Schlägergriff liegt.
Man sieht keine Knöchel der linken Hand.

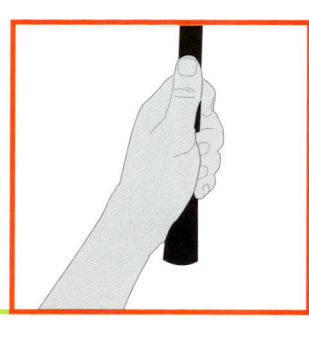

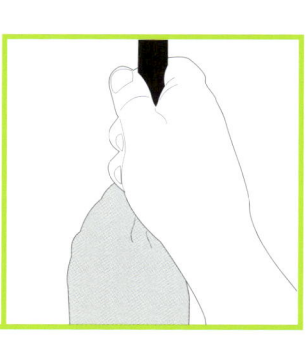

Variante 6
Die linke Hand greift zu stark.
Der Daumen befindet sich zu sehr rechts neben der Mitte.
Handrücken und Unterarm bilden einen zu großen Winkel.

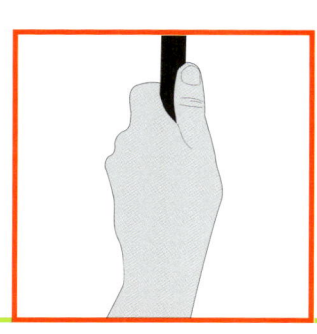

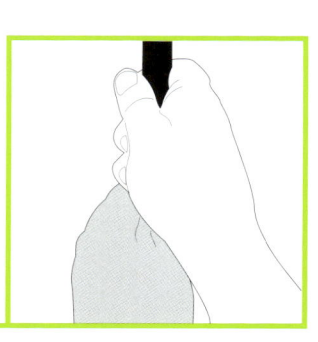

-4.3

Need to know.
Ein Golfschläger ist so gebaut, dass er beim Aufsetzen ideal liegt.

Handstellung / Schaftstellung -4.3

Schaftstellung in der Ansprechhaltung.

Man muss darauf achten, dass man im Eifer des Gefechts nicht aus dem Holz ein Eisen macht oder umgekehrt - die Bauart der Schläger ist unterschiedlich, und dies muss berücksichtigt werden. Wenn man ein Problem im Schwung hat, sieht man dies oft schon in der Ansprechhaltung. Der Slicer (Ball fliegt mit Rechtskurve) spricht den Ball oft an der Innenseite zum Hosel hin an. Die Schlagfläche ist dabei oft schon von vornherein nach links verkantet, um den Slice zu minimieren. Der Hooker (Ball fliegt mit Linkskurve) legt den Ball mehr an die Spitze des Schlägers und öffnet dabei die Schlagfläche etwas, um den Hook zu vermeiden. Beide Typen 'verraten' sich schon durch die unterschiedliche Ansprechhaltung.

Der Körper reagiert immer auf den Ballflug und versucht auch in der Ansprechhaltung selbständig den fehlerhaften Ballflug zu kompensieren. Das Erarbeiten einer richtigen Ansprechhaltung ist im Rahmen einer langfristig angelegten Schwungverbesserung Pflicht. Steht hingegen das Wettspiel vor der Tür, sollte der Lehrer entscheiden, mit welcher kurzfristigen Verbesserung man Einfluss auf den Ballflug nehmen kann. Dies kann auch an einer anderen Stelle des Schwunges geschehen. Korrekturen in der Ansprechhaltung sind vom Schüler leicht durchzuführen.

Hölzer
Der Schaft ist bei den Hölzern gerade. Deshalb müssen die Hände in einer neutralen Ansprechhaltung über dem Ball sein.

Der Schaft zeigt dabei zum linken Ohr.

Eisen
Der Schaft ist bei den Eisen leicht schräg nach vorne eingebaut. Deshalb müssen die Hände in einer neutralen Ansprechhaltung vor dem Ball sein.

Der Schaft zeigt dabei zur linken Schulter.

Balllage -4.4

Die richtige Balllage für jeden Schläger.

Für die verschiedenen Schlägergruppen haben wir drei verschiedene Balllagen:

Das Eisen wird leicht links von der Mitte gespielt.
Das Holz 1 wird innerhalb der Hacke des linken Fußes gespielt.

In der Mitte dieser beiden Lagen liegt das Fairwayholz.
Der Abstand zum linken Fuß ist festgelegt. Was sich darüber hinaus nur ändert, ist die Standbreite durch Versetzen des rechten Fußes von den kurzen zu den langen Eisen.

Die Hände
Die Hände bleiben in allen drei Fällen fast an derselben Stelle. Von den kurzen zu den langen Schlägern hin vergrößert sich sowohl ein wenig die Distanz der Hände zum Körper als auch die Distanz des Balles.

Die Körperhaltung bleibt gleich
Auch wenn die Schläger länger werden, bleibt die Körperhaltung bestehen, da sich auch der Lagewinkel der Schläger entsprechend ändert. Das ist praktisch, da man so für alle Schläger gleich stehen kann.

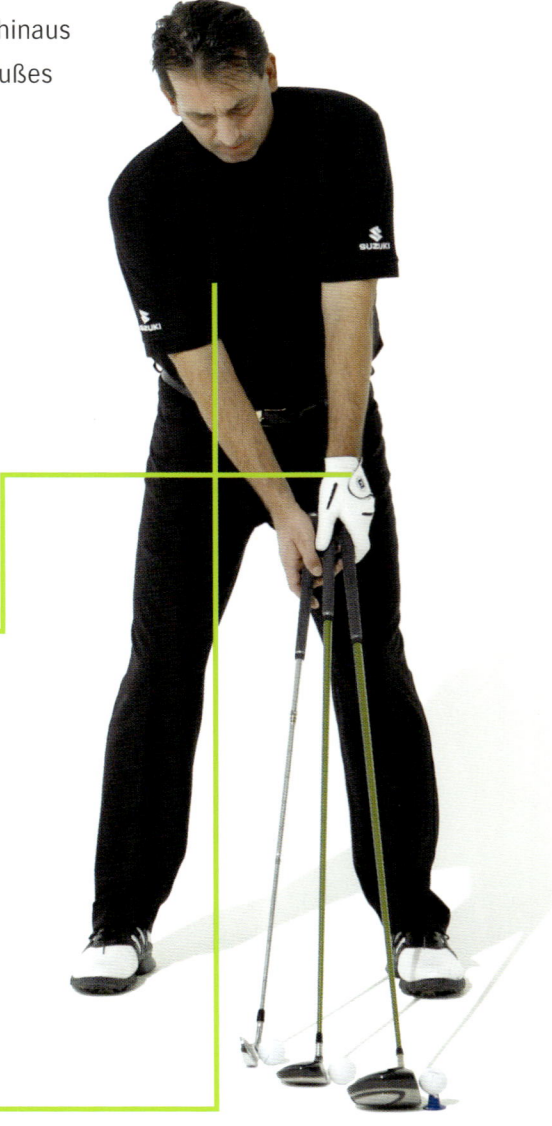

Driver
Der Ball ist aufgeteet und liegt innerhalb der linken Hacke.

Holz
Der Ball liegt unter der linken Brust.

Eisen
Der Ball liegt etwa eine Umdrehung links neben der Mitte des Standes.

Wie hoch muss das Tee sein? -4.5

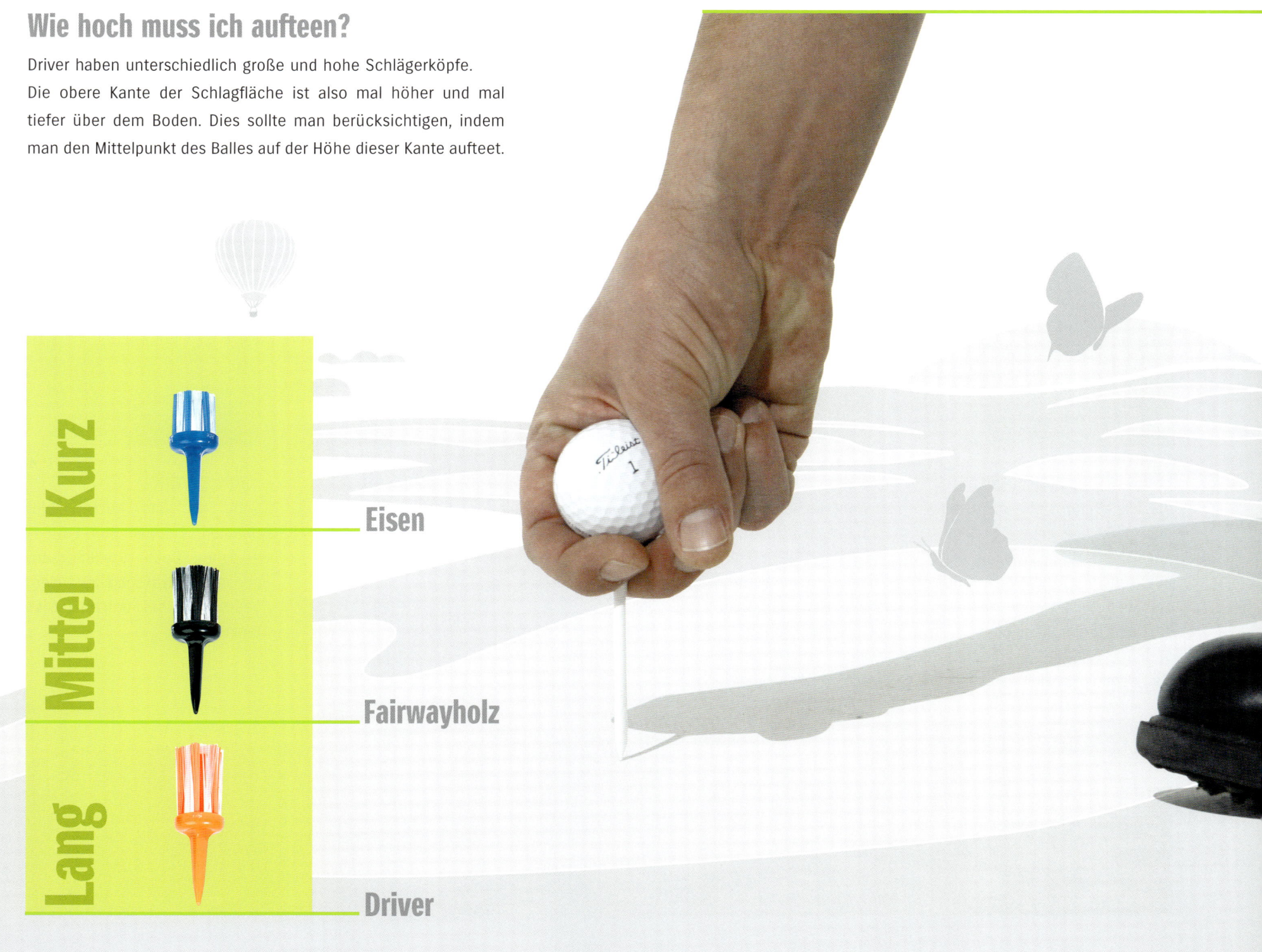

Wie hoch muss ich aufteen?

Driver haben unterschiedlich große und hohe Schlägerköpfe. Die obere Kante der Schlagfläche ist also mal höher und mal tiefer über dem Boden. Dies sollte man berücksichtigen, indem man den Mittelpunkt des Balles auf der Höhe dieser Kante aufteet.

Kurz — Eisen

Mittel — Fairwayholz

Lang — Driver

Fußposition / Fußwinkel -4.6

Die Fußwinkel.

Die Winkel, welche die Füße im Stand haben, üben einen großen Einfluss auf die Schwungbewegung aus. Der Spieler sollte weder durch einen zu geraden Fußstand in seiner Bewegung eingeschränkt sein, noch durch zu weites Ausdrehen der Füße zu viel Flexibilität im Schwung bekommen. Die beste Lösung ist eine mittlere Variante, bei der beide Füße leicht nach außen gewinkelt stehen. Die richtige Stellung der Füße ermöglicht eine gute Rückschwungposition und eine leichte Drehung in den Durchschwung hinein. Unabhängig davon, welche Variante man bei der Fußstellung bevorzugt, ist es wichtig, dass der linke Fuß nicht zu gerade steht, sondern leicht nach links gedreht ist. Steht er zu gerade, findet die Streckung des linken Beins zu früh statt.

Links offen, rechts gerade
Die klassische Stellung, in der man durch die gerade Stellung des rechten Fußwinkels im Rückschwung viel Spannung aufbauen wollte. Der Nachteil liegt hier in der ungleichen Stellung für die Ausrichtung. Man denkt, man zielt nach links.

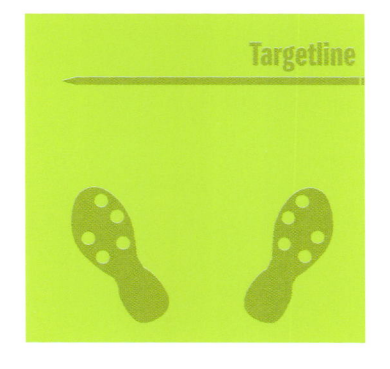

Beide leicht offen
Wohl die beste Stellung, die alle positiven Elemente miteinander vereint. Sie bietet eine gute Beweglichkeit im Rück- und Durchschwung. Gute Voraussetzung für richtiges Zielen und eine weite, stabile Rückschwungbewegung.

Links gerade, rechts offen
Sehr gut für ältere und unbewegliche Spieler. Ermöglicht eine größere Rückschwungbewegung.

Beide parallel
Sehr für das kurze Spiel (Pitchen, Chippen und Putten) geeignet. Beste Stellung, um genau auf das Loch zu zielen, besonders bei kurzen Distanzen.

Standbreite -4.6

Die Standbreite.

Es gibt drei Möglichkeiten der Standbreite: **zu breit, zu schmal und genau richtig.**

Wenn Sie einen zu breiten Stand einnehmen, sinkt der Körperschwerpunkt nach unten in Richtung des Bodens. Man fühlt sich zwar sicher und ausbalanciert, doch kann man den Körper hierbei nicht so gut und schnell drehen. Eine Gewichtsverlagerung ist zwar gut möglich, jedoch können in der Endposition die beiden Knie sich nicht gut berühren, und das Gewicht bleibt eher etwas auf dem rechten Bein.

Stehen Sie hingegen zu schmal, haben Sie kein so festes Standgefühl, können sich dafür aber sehr leicht und schnell drehen. Die Gewichtsverlagerung ist hierbei nur mäßig ausgeprägt.

Wenn Sie jedoch genau richtig und damit neutral stehen, haben Sie nicht nur ein gutes Standgefühl, sondern können sich auch gut drehen. Die Gewichtsverlagerung kann im gewünschten Maß stattfinden.

Eng
Stehen Sie zu eng, berühren sich die Knie im Durchschwung zu sehr. Dabei kann es passieren, dass sich das rechte vor das linke Knie schiebt.

Neutral
Stehen Sie neutral, berühren sich die Knie im Durchschwung leicht.

Weit
Stehen Sie zu weit, berühren sich die Knie im Duchschwung nicht.

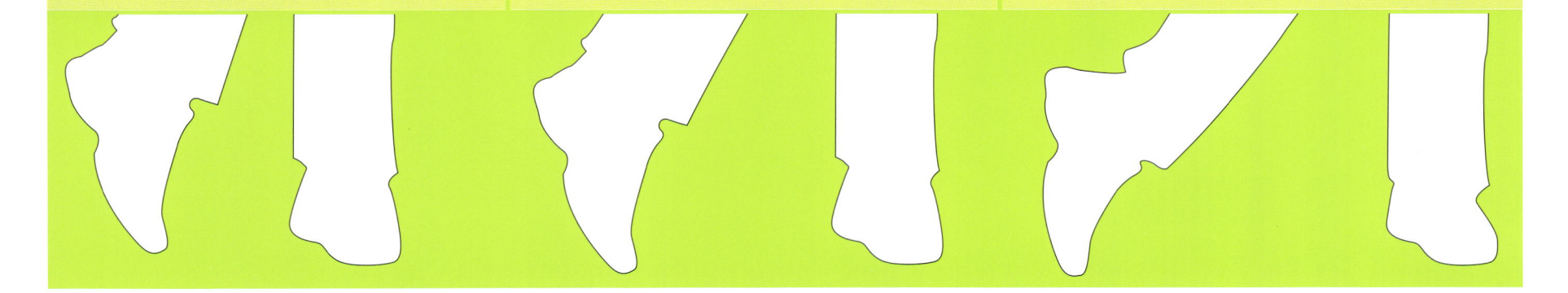

-4.7

Good to know.
Focusieren Sie Ihr Ziel. Blenden Sie Hindernisse durch gute Konzentration aus.

Haltung der Arme -4.7

Die Arme in der richtigen Position.

Wenn man sich die Ansprechhaltung von hinten betrachtet und der Spieler neutral zum Ziel ausgerichtet ist, sieht man den linken Arm. Er ist relativ gerade. Der rechte Arm ist leicht gebeugt und an die rechte Seite des Körpers angelegt. Würde man den linken Arm nicht sehen, so wäre der Spieler zu sehr nach links ausgerichtet. Von vorne betrachtet bilden die Arme und der Schläger ein "Y".

Kopfposition
Der Kopf schaut den Ball mit leichter Schräglage von rechts an.

Linker Arm
Der linke Arm ist fast gerade.

Rechter Arm
Der rechte Arm liegt am Körper an.

Körperwinkel / Hüfte -4.8

Körperwinkel im Schwung.

Bei einem guten Golfschwung kann der Spieler seine Körperwinkel durch den Schwung hindurch beibehalten. Hierzu braucht er eine gute körperliche Fitness und einen neutralen Schwung. Schwungkurve und Schlagfläche müssen richtig einjustiert sein. Außerdem müssen die Hände im Moment des Treffens vor dem Ball (beim Eisen) oder auf gleicher Höhe (beim Holz) sein. Die Körperwinkel ergeben sich durch die Ansprechhaltung: Spieler mit flacher Schwungkurve und Tendenz zum Hook werden zum Treffmoment hin eher kleiner, während Spieler mit steiler Schwungkurve ihre Körperwinkel verlassen und sich aufrichten. Mitspieler kommentieren dies häufig mit Ausrufen wie: "Du hast jetzt aber hoch geguckt, lass doch den Kopf unten." Doch macht sich hier nicht ein Fehler in der Kopfhaltung bemerkbar, sondern ein Fehler im Schwung. Beseitigt man dessen Ursache, so wird der Spieler seine Körperwinkel beibehalten und sich nicht mehr aufrichten.

Achten Sie auf die Hüfte.

Wenn Sie die Ansprechhaltung einnehmen, sind auch Ihre Schultern etwas nach rechts geneigt. Wenn Sie sich nun nach vorne beugen, um den Ball anzusprechen, so kann es schnell passieren, dass die Hüfte unbeabsichtigt durch die Neigung etwas nach links aus der Richtung geht. Hierauf sollten Sie achten und dies vor dem Beginn des Schwungs wieder ausgleichen. Eine nach links zeigende Hüfte behindert nämlich die Rückschwungbewegung.

Die Winkel
Sie ergeben sich durch Beugen des Oberkörpers ab der Leiste. Der Bauchnabel sollte vom Gefühl her in Richtung Boden zeigen. Die Arme hängen locker nach unten. Die Knie sind nur ganz leicht gebeugt.

Es entsteht ein Winkel zwischen Armen und Schläger.

Winkel

-4.8

Good to know.
Die Arme bewegen sich separat vom Körper.

-4.9

Good to know.

**Nehmen Sie den Stand probeweise ein,
um den perfekten Ort zum aufteen zu ermitteln.**

Ausrichtung $^{-4.9}$

Für Ihre Ziele.

Die Ausrichtung des Spielers zeigt die Tendenzen seines Golfschwungs. Steht ein Spieler in die falsche Richtung, so kompensiert er hiermit intuitiv einen Fehler in seinem Schwung. Aus dem schlechten Stand heraus ergeben sich jedoch neue Probleme. Der Schwung kann so nicht neutral werden. Wenn man an einer langfristigen Verbesserung des eigenen Schwungs interessiert ist, ist es wichtig, mit der Ausrichtung anzufangen. Steht man richtig zum Ziel, so weiß man, dass man einen Schwungfehler und nicht etwa einen Standfehler gemacht hat. Treten Sie vor dem Schlag immer hinter den Ball und suchen Sie sich ein Zwischenziel unmittelbar vor dem Ball. Dieses legt ihre Ball-Ziellinie fest: die einzige Linie, die in Richtung Ziel zeigt. Alle anderen Linien verlaufen dazu parallel, auch die ihrer Füße. Die Standlinie ihre Füße verläuft damit immer etwas links parallel am Ziel vorbei.

Der Golfschwung -5.0

Im Kapitel 5 & 6 stellen wir Ihnen den perfekten Golfschwung nach unseren Erfahrungen und den neuesten technischen Erkentnissen vor.

Schaftstellung -5.1

Die Schaftstellung beinflusst den Abschwung.

Die richtige Stellung der Schlagfläche und des Schaftes sind wichtige Voraussetzungen für einen guten Golfschwung.

Es gibt drei Stellungen des Schaftes im höchsten Punkt des Rückschwungs:

Gelegter Schaft:
Der Schläger zeigt weit nach links vom Ziel.

Richtung Ziel:
Der Schläger zeigt Richtung Ziel.

Gekreuzt zum Ziel:
Der Schläger zeigt nach rechts vom Ziel.

Die leicht gelegte Position ist die gewünschte. Sie ermöglicht eine einfache Abschwungbewegung, bei der sich die Distanz der Hände zum Körper verringert. Hände und Schläger kommen wieder in das Schwungzentrum zurück. Praktisch ist auch, dass sich bei dieser Stellung des Schlägers ein guter Eintreffwinkel ergibt. Ein Spieler mit leicht gelegtem Schaft im Rückschwung kommt mit wenig Platz aus. Er steht nah am Ball und schlägt damit natürlicherweise erst den Ball und dann den Boden.

Die gekreuzte Position ist dagegen schwieriger zu spielen. Durch die gekreuzte Stellung ergibt sich bei Beginn der Abschwungbewegung ein Abflachen des Schlägers. Es entsteht eine flache Schwungbahn. Der Abstand der Hände zum Körper vergrößert sich, der Eintreffwinkel verkleinert sich.

Der Kontakt zum Boden wird früher erreicht. Würde der Spieler keine Kompensation vornehmen, dann würde er immer vor dem Ball in den Boden schlagen. Deshalb bewegt er sich lange seitlich im Abschwung, um diesen frühen Bodenkontakt zu vermeiden. Es entsteht ein Hook-Bewegungsmuster. Oft ergibt sich so auch die gefährliche "Hände vorne" - Stellung, an der schon so mancher Amateur verzweifelt ist und so manche Profi-Karriere geendet hat. Wenn sie nicht erkannt und korrigiert wird, hat der Spieler keine Möglichkeit, Kontrolle über den Ball zu gewinnen.

-5.1

gelegt	neutral	gekreuzt
Der Schläger zeigt weit nach links vom Ziel, weil er zu stark gelegt ist. Das linke Handgelenk ist vom Unterarm weg gebeugt und das Schlägerblatt geschlossen.	Der Schläger zeigt in die richtige Richtung. Das linke Handgelenk ist gerade und das Schlägerblatt neutral.	Der Schläger zeigt weit nach rechts vom Ziel, weil er zu stark gekreuzt ist. Das linke Handgelenk ist zum Unterarm hin gebeugt und das Schlägerblatt geöffnet.

Schwungebene -5.2

Die Schwungebene.

Die Schwungebene beeinflusst den Ballflug und muss daher immer zur Schlagflächenstellung passen, um einen konstanten Ballflug zu erzielen. Außerdem muss die Dynamik darauf abgestimmt sein: Flache Schwünge treffen den Ball später, steile Schwünge früher. Bei der richtigen Schwungkurve muss der Schläger im richtigen Maß nach innen und nach oben bewegt werden. Das Schlägerblatt schließt sich dann relativ leicht im Treffmoment, und es ergibt sich ein Gefühl von Leichtigkeit. Wird der Schläger hingegen zu sehr gehoben und zu wenig nach innen bewegt, so öffnet sich die Schlagfläche im Treffmoment (Slice). Der Schwung ist dann zu aufrecht und zu steil und daher zu sehr vor dem Körper. Wird der Schläger zu sehr nach innen und zu wenig nach oben geschwungen, so bewegt sich der Schläger auf einer zu flachen Bahn. Der Schlägerkopf hat dann die Tendenz, sich zu schnell zu schließen (Hook). Mit der richtigen Schwungkurve ist es am leichtesten, den Schläger konstant immer wieder gerade an den Ball zu bringen. Die Schwungkurve legt außerdem fest, wo der Ball auf der Schlagfläche getroffen wird. Der steile Schwung trifft den Ball eher an der Spitze des Schlägerblattes, weil sich hier der Schläger auf dem Weg zum Ball näher am Körper befindet als bei der Ansprechhaltung. Beim flachen Schwung hingegen bewegt sich der Schläger weg vom Körper und trifft den Ball mehr am Hosel.

Viele Spieler, die den Schläger zu steil in den Ball bewegen, versuchen, dies durch frühes Schlagen und starkes Rollen der Arme auszugleichen. Dies schließt die geöffnete Schlagfläche nämlich zusätzlich und begradigt das Divot. Andere Spieler mit flachen Schwüngen und geschlossenen Schlagflächen halten den Winkel in den Handgelenken lange und schieben die Hüfte, um eine halbwegs geraden Ballflug zu erzielen. Dies hilft zwar, die Schlagfläche länger geöffnet zu halten. Nur ist es schwierig, diese intuitiven Korrekturen konstant zu wiederholen. Es wäre daher besser, in solchen Fällen den Schwung durch grundlegende Korrekturen langfristig zu verbessern.

-5.2

flach	neutral	steil

Die Schwungebene ist zu flach angelegt. Man erkennt dies an der tiefen Armposition. Hook-Faktor.

Die Arme sind in der neutralen Position, obwohl der Rückschwung noch nicht ganz vollendet ist. Der Ball könnte gerade starten.

Die Schwungkurve ist zu steil. Man erkennt dies daran, dass der Hals nicht zu sehen ist. Slice-Faktor.

Schlagfläche 5.3

Die Schlagflächenstellung hat den größten Einfluß auf den Ballflug.

Die Schlagfläche beeinflusst den Ballflug am stärksten. Sie muss im Augenblick des Treffens zur Schwungrichtung passen, damit der Ball die gewünschte Flugkurve macht.

Die Schlagfläche lässt sich beeinflussen durch …

… die Ansprechhaltung:
Durch den Griff und die Stellung des Körpers und die Stellung der Hände zum Schaft

… die Rückschwungstellung:
Durch Beugen und Knicken der Handgelenke. Beugen des linken Handgelenkes (palmar) schließt den Schläger, man kann auf der Schlagfläche etwas abstellen. Knicken (dorsal) öffnet die Schlagfläche, man kann auf der Schlagfläche nichts abstellen.

… den Abschwung:
Der Spieler dreht die Knöchel des linken Handrückens nicht in Richtung Boden, sondern in die Luft. Dadurch entsteht Loft, und der Schläger öffnet sich.

… die Dynamik:
Durch frühes Schlagen schließt sich der Schläger etwas, durch spätes Schlagen öffnet er sich. In der Praxis tritt dies immer paarweise auf.
Hat der Spieler eine offene Schlagfläche, so versucht er sie durch frühes Schlagen zu schließen, um den Slice zu vermeiden. Spielt er mit einer geschlossenen Schlagfläche, so versucht er, die Schlagfläche durch spätes Schlagen offen zu lassen und so den Hook zu vermeiden.

-5.3

geschlossen	neutral	offen
Der Schläger hat eine geschlossene Schlagfläche. Die vordere Kante des Schlägers ist im Verhältnis zum Unterarm geschlossen. Die Schlagfläche ist horizontal.	Der Schläger hat eine neutrale Schlagfläche. Die vordere Kante des Schlägers ist im Verhältnis zum Unterarm neutral.	Der Schläger hat eine geöffnete Schlagfläche. Die vordere Kante des Schlägers ist im Verhältnis zum Unterarm geöffnet. Die Schlagfläche zeigt vertikal nach unten.

Frühes bzw. Spätes Schlagen -5.4

Die Schaftstellung beinflusst den Abschwung.

Ob es sich um ein frühes oder ein spätes Schlagen handelt, erkennen Sie am Treffmoment: Sind die Hände im Augenblick des Treffens vor dem Ball, so spricht man von spätem Schlagen und der Ballflug ist flach. Der Schaft ist dabei in Richtung Ziel geneigt. Sind die Hände hinter dem Ball und der Schaft ist vom Ziel weg geneigt, so entsteht Loft und der Ball fliegt hoch. Dies nennt man frühes Schlagen. Wenn der Spieler den Winkel zwischen Arm und Schläger früh im Abschwung auflöst, ist die Energie des Schlages schon verpufft, bevor der Ball überhaupt getroffen worden ist. Das späte Schlagen mit dem Entwinkeln der Handgelenke erst kurz vor dem Treffmoment überträgt die Energie effizienter.

-5.4

zu früh	neutral	zu spät

| Der Körperschwerpunkt liegt weit hinter dem Ball. Die Hände sind im Treffmoment hinter dem Ball. Die Flughöhe des Balles ist zu hoch. | Das Gewicht ist auf das linke Bein verlagert. Die Hände sind entsprechend der Bauart des Schlägers leicht vor dem Ball. Die Flughöhe ist dem Loft des Schlägers entsprechend. | Der Spieler hat das Gewicht so weit nach links gebracht, dass die Knie sich schon stark beugen. Die Hände sind zu weit vor dem Ball und der Schaft ist zu stark nach vorne geneigt. Der Ball fliegt flach. |

Von außen oder von innen?[-5.5]

Von außen oder von innen?

Wenn Sie von außen kommen, was bei 90% der Golfer der Fall ist, haben Sie schon mal einen Eintreffwinkel. Das ist an sich gut, da Sie den Ball auf jeden Fall schon mal von oben treffen. Kommen Sie hingegen zu sehr von innen, haben sie keinen Eintreffwinkel und dadurch besteht die Gefahr, dass Sie den Ball erst gar nicht treffen, weil Sie schon vorher mit dem Schlägerkopf den Boden berühren. Die Schwungkurve von außen erzeugt Druck und Länge, die von innen weniger. Mit beiden Fehlern kann man durch Kompensationen aber trotzdem gut spielen.

Von innen:

Der tiefste Punkt der Schwungkurve liegt vor dem Ball: Schieben der Hüften seitlich; spätes Schlagen zur Vermeidung von zu frühem Bodenkontakt und um keinen Luftschlag zu machen; verlangt ein spätes Schlagen und langes Speichern des Winkels …

- … gut zum Treffen von Fairways
- … gut, um Hindernisse rechts zu umspielen und Doglegs links zu attackieren
- … gut, um Bälle hoch zu spielen
- … gut für lange Eisen
- … gut für Holz 1 vom Tee

- … schlecht für kurzes Spiel und Bunker
- … schlecht zum flachen Spielen gegen den Wind

Von außen:

Der tiefste Punkt der Schwungkurve liegt hinter dem Ball; daraus folgt ein frühes Schlagen, um das stark nach links zeigende Divot etwas gerader zu machen und um den Ball nicht oben auf dem Kopf zu treffen; schlecht für Holz 1 vom Tee; der Spieler sollte einen Driver mit viel Loft spielen (12°; 13°; 16°;)…

- … gut, um ein Hindernis links zu umspielen und Doglegs rechts zu attackieren
- … gut, um flach gegen den Wind zu spielen
- … gut für Fairwaybunker
- … gut für Bunker
- … gut für das Pitchen
- … gut bei schlechten Lagen
- … gut für das Chippen

-5.5

Good to know.
Vertrauen Sie auf Ihr Können.

Mit der richtigen Einstellung und einem gutem Schwung werden Sie auch solche Löcher meistern.

Falsche Schwungebenen $^{-5.6}$

Schwungbahnen.

Auch wenn sich jeder Golfschwung vom anderen unterscheidet, lassen sich die verschiedenen Schwungtypen sehr genau voneinander unterscheiden. Zur Bestimmung sind hierbei zwei Positionen besonders gut geeignet: Die 9-Uhr-Rückschwungposition und die 9-Uhr-Abschwungposition.

Besonders der Abschwung gibt Aufschluss darüber, wie der Ball fliegen wird. In der 9-Uhr-Abschwungbewegung lässt sich nämlich die Schlagflächenstellung kurz vor dem Treffmoment feststellen. Diese Momentaufnahme des Schwungs ist wichtig, weil schon kurz danach der Ball getroffen wird. Das Zusammenspiel von Schwungkurve und Schlagfläche ergibt den Ballflug, wobei die Schlagfläche eine stärkere Auswirkung als die Schwungkurve auf den Ballflug hat. Deshalb wird sie in Schwungkorrekturen als erstes untersucht und in Zusammenhang mit dem Ballflug gebracht.

Auf den Bilder rechts sehen sie im oberen Teil die Rückschwungposition. Zur besseren Beobachtung ist die Schaftebene eingezeichnet.
Das Verhältnis des Schlägers und der Hände zu Ihr gibt Aufschluss über die Schwungkurve. Für eine neutrale Position sollten die Hände und der Schläger auf der eingezeichneten Linie sein. Sind die Hände und der Schläger deutlich über der Ebene, so spricht man von einem steilen Rückschwung. Der Spieler hat einen steilen Abschwung, wenn er mit dem Schläger von oberhalb der Ebene zurück zum Ball kommt. Sind die Hände und der Schläger unterhalb der Ebene, so spricht man von einem flachen Rück- bzw. Abschwung. Die Bilder zeigen die 5 großen Klassifizierungen.

Anhand der Hand- und Schlägerposition erkennen Sie den Schwungtyp. Wenn man dem Schläger folgt, so weiß man schnell, ob der Spieler von innen oder von außen kommt.
Kompensiert der Spieler seine Schwungkurve richtig, so wird er bei einem steilen Abschwung zu frühem Schlagen tendieren, um sein Divot wieder in Richtung des Ziels zu bringen. Ohne diese Maßnahme würde das Divot sonst stark nach links zeigen.
Ein Spieler mit einem flachen Abschwung hingegen wird die Winkel in seinen Händen und den Armen lange beibehalten, damit das Divot nicht zu sehr nach rechts zeigt. Die Schwungkurve hat also auch einen Einfluss auf die Dynamik des Golfschwungs. Auf die Stellung des Schlägerschaftes und der Hände im Treffmoment.

-5.6

neutraler Golfschwung | Old Fashion Slicer

Sind die Hände und der Schläger nah an der Ebene, so spricht man von einer neutralen Position. Der Schläger ist auf der richtigen Schwungkurve. Ist auch die Schlagfläche neutral und die Abschwungbewegung gut, fliegt der Ball geradeaus.

Sind die Hände und der Schläger weit oberhalb der Ebene und ist der Schlägerkopf weiter von der Ebene entfernt als die Hände, so haben wir es mit einem Schwung von außen zu tun, der in einen steilen Eintreffwinkel mündet. Um das Divot nicht so stark nach links zeigen zu lassen und es zu begradigen, wird der Spieler versuchen, immer früher zu schlagen.

-5.7

Rückschwung

Abschwung

Outside - Inside

Der Spieler startet im Rückschwung nach außen, flacht dann im höchsten Punkt den Schläger ab und kommt so schließlich von innen an den Ball.

-5.7

Ebenenhooker | ## Modern Slicer

Der Ebenenhooker holt nach innen aus und kommt im Abschwung ebenfalls von innen. Die Arme folgen der flachen Schulterebene.

Beim modern slicer folgen die Schultern, die sonst eher eine flache Ebene durchlaufen, den steil schwingenden Armen.

Release & Finish -6.0

Der Release ist einer der wichtigsten Momente im Golfschwung. Er erzeugt Distanz und Kontrolle.

Release -6.1

Der Release ist das Mittel für Länge und Präzision.

Welch tolles Gefühl: Der Ball entschwindet Richtung Horizont und man spürt im Augenblick des Treffens nichts, rein gar nichts. Ohne Widerstand fliegt der Ball davon, nur leider weiß man nicht genau, warum er dieses Mal so gut beschleunigt und Fahrt aufnimmt. Und überhaupt, warum fliegt er erst dieses Mal so toll und nicht schon beim letzten oder vorletzten Versuch? Der Grund ist, dass Sie dieses Mal einen guten Release hatten. Wenn Sie diesen üben, wird fortan jeder Schlag so gelingen. Der helle, klare Klang des Schlages zeigt Ihnen dabei an, dass Sie alles richtig gemacht haben. Gute Grundlagen in der Schwungkurve und der Schlagflächenstellung sind die Voraussetzungen, um einen guten Release zu erlernen. Das Video-System (Scope) hilft Ihnen dabei.

Die meisten Spieler haben keinen guten Release. Sie ziehen die Arme nach dem Treffmoment an und lassen den Schläger viel zu schnell nach innen und nach oben schwingen. Das Schlägerblatt verkantet dabei nach links oder oben, und es entsteht ein zu hoher Ballflug. Je nach individueller Schwungkurve kann daraus eigentlich jede Art von Fehler entstehen. In jedem Fall wird dann die Kraft nicht optimal auf den Ball übertragen, und die Flugrichtung des Balles ist nicht konstant.

Oft sind die Bewegungen eines Spielers zu aufwändig für die gewünschte Schlaglänge. Die meisten Spieler können durch Erlernen eines guten Releases wesentlich weiter und gerader schlagen und dabei trotzdem kurz und kompakt im Schwung bleiben.

Häufig wird argumentiert, dass der Release automatisch durch ein weites Durchstrecken der Arme entstehe. Die Praxis beweist jedoch das Gegenteil. Es ist gut, dem Spieler dieses Wissen zu vermitteln, ergibt sich doch daraus, dass auch eine kurze und kompakte Bewegung für einen guten Release ausreichend ist.

Die richtige Bewegung im Treffmoment ist die wichtigste Bewegung überhaupt. Hier liegt der Augenblick der Wahrheit:

Es ist vor allem der Release, durch den die Spitzengolfer ihre Weltklasse erreichen.

Was bewirkt ein guter Release? Er befreit die Bewegung, er sorgt für eine gute Gewichtsverlagerung und vermittelt dem Spieler ein unangestrengtes Gefühl beim Schlag. Die Schwungkurve wird rund und versieht den Rasen nur mit kleinen Divots.

Die Schultern sind im Treffmoment Square zur Zielrichtung.

Die linke Schulter geht nach oben und nach hinten.

Der linke Arm kann sich dann nach vorne unten ausstrecken.

Im Treffmoment liegt mehr Gewicht auf dem rechten als auf dem linken Bein.

Die Handgelenke überstrecken sich und schließen damit den Schläger.

Der Schläger schwingt nach rechts vorne aus dem Halbkreis heraus.

Der linke Daumen streckt sich lang nach unten.

Die Knöchel der linken Hand drehen sich kurz vor dem Treffen Richtung Boden und zeigt beim Treffen in Richtung des Ziels.

Wenn die Arme sich richtig bewegen, fließt das Gewicht nach vorne auf das vordere Bein.

-6.1

Linker Arm
Es wirkt eine Kraft den linken Arm entlang durch den Schaft bis in die Schlägerspitze. Sie versteilert im letzten Teil des Abschwungs den Schläger und schließt die Lücke unter der Schlägerspitze. Diese Lücke muss in der Ansprechhaltung zu sehen sein, sonst ist der Schläger nicht richtig angepasst, oder der Spieler steht nicht richtig am Ball.

Rechter Arm
Der rechte Arm ist in der Ansprechhaltung etwas gebeugt und liegt am Körper an. Im Rückschwung faltet und rotiert er. Er steht dann rechtwinklig vor dem Körper. Im Abschwung schlägt er von der Seite zu und streckt sich weit in den Durchschwung hinein.

Release

-6.1

Power durch Releasen.

Von der gewinkelten Stellung im Rückschwung (radial), streckt und entwinkelt (ulnar) sich der linke Arm weit in den Durchschwung nach vorne, unten.

VS.

Short Shots (Chickenwing).

Die Arme gehen auseinander. Die Schlagfläche schließt sich nicht richtig und überträgt die Kraft nicht vollständig.

-6.1

Power durch Releasen.

Beim Strecken des linken Armes
wird das Handgelenk nach unten überstreckt (ulnar).
Hierdurch schließt sich die Schlagfläche,
und es entsteht eine optimale Kraftübertragung.

VS.

Short Shots (Chickenwing).

Bei einem schlechten Release sind die Arme nicht mehr zu
sehen. Sie verschwinden zu früh hinter dem Körper, da sie
nicht genügend nach rechts geschwungen worden sind.
Die Schlagfläche ist noch geöffnet.

6.1

Power durch Releasen.

Es ergibt sich eine flüssige Bewegung in die Durchschwungstellung hinein. Die Arme bleiben eng beieinander. Das Gewicht lässt sich mühelos auf das linke Bein verlagern.

VS.

Short Shots (Chickenwing).

Die Arme gehen auseinander. Die Schlagfläche schließt sich nicht richtig und der Schläger schwingt nicht durch.

Hitting- & Targetline -6.2

Hittingline.

Sie ist hier grau gekennzeichnet und zeigt, welches Gefühl man beim Golfschwung haben muss: Da man die Arme nach vorne streckt (und zwar nach rechts unten), denkt man, der Ball würde nach rechts starten. Jedoch fliegt er hierdurch gerade in Richtung Ziel (grüne Linie).

Targetline.

Sie ist die Linie vom Ball in Richtung Ziel. Sie ist die einzige Linie, die in Richtung der Fahne zeigt, alle anderen Linien sind parallel zu ihr, so z.B. die Standlinie.

Schwingen Sie immer nach rechts entlang der Hittingline. Dies ermöglicht Ihnen einen schönen Release und eine gute Kraftübertragung. Sie kommen automatisch in einen guten Durchschwung.

Denken Sie nicht zu viel an Kleinigkeiten:

Hit it!

Balance $^{-6.3}$

Good to know.
Nur ein ausbalancierter Schwung hilft Ihnen weiter. Er sieht nebenbei auch viel besser aus.

-6.3

Rückschwung	Treffmoment	Endstellung
Der Oberkörper wird seitlich gedreht. Dadurch verlagert sich das Gewicht auf den rechten Fuß.	Der Impuls für den Start der Vorwärtsbewegung erfolgt mit dem Abdrücken durch den rechten Fußballen.	In der Endposition stehen Hüfte und Schultern übereinander. Das Gewicht steht vollständig auf dem linken Bein.
Auf dem rechten Bein baut sich Spannung auf. Die rechte Schulter und die rechte Hüfte bewegen sich nach oben, damit die Körperwinkel beibehalten werden.	In der Vorwärtsbewegung hebt sich der rechte Fuß leicht vom Boden ab.	Die Spikes der rechten Schuhsohle sind vollständig zu sehen.

Endposition -6.4

Tourstellung.

Im Golfspiel sind grundsätzlich zwei verschiedene Endstellungen im Durchschwung möglich: Die erste Endstellung wird auch "Tourstellung" genannt. Ihr liegt ein Schwung zugrunde, mit dem sich sehr genau spielen lässt. Man bezeichnet diesen Schwung auch als "Finesse-Swing", da er sehr ruhig geschwungen wird. Der Oberkörper dreht sich etwas in Richtung Ziel. Der Schlag wird mit Release gespielt. Diese Endstellung ist sehr häufig bei Tourspielern zu sehen. Wird die Tourstellung ohne Release gespielt, entsteht ein sehr weicher, kurzer Ballflug.

Je nachdem, wie weit der Ball fliegen soll, ergeben sich unterschiedliche Endstellungen. Mit dem Durchschwung lässt sich der Ball gut kontrollieren, auch wenn er schon den Schlägerkopf verlassen hat.

Tourstellung

-6.4

Endstellung Powergame.

Die zweite Endstellung ergibt sich durch das "Power-Game". Dieses erhalten Sie, wenn Sie sehr weit schlagen wollen z.B. beim Abschlag. Auch hier wird mit Release gespielt. Die volle Endstellung ergibt sich durch den höheren Krafteinsatz. Der rechte Arm steht dann über dem linken Arm.

Beachten Sie:

Aufgrund des geringeren Krafteinsatzes müssen Sie, wenn Sie einen Schlag mit der Tourstellung durchführen, ein um ein bis zwei Längen stärkeres Eisen nehmen als beim Power-Game (z.B. Eisen 7 statt Eisen 9).

Kompletter Durchschwung beim Power-Game. Der Ball wurde mit Release gespielt, die Kraft vollständig übertragen. Die Dynamik endet in einer vollen, kompletten Endstellung.

Power-Game

Radius & Kraft 6.5

Der Radius.

Die Arme bleiben beim Golfschwung vor dem Körper. Jeder Arm führt unterschiedliche Bewegungen durch: Während der linke Arm fast gerade bleibt und rotiert, faltet sich der rechte Arm und rotiert den Schläger im Rückschwung in die gewünschte Position. Dabei ist der rechte Arm für den Radius verantwortlich. Für einen optimalen Radius sollten der rechte Ober- und Unterarm einen rechten Winkel bilden. Ist der Winkel kleiner, wird auch der Radius kleiner, so z.B. wenn der Unterarm und der Bizeps sich zu nahe kommen.

Bleiben die Arme im Rückschwung nicht vor dem Körper, sondern bewegen sie sich gegen den Körper nach hinten, verringert sich ebenfalls der Radius. Hieraus ergibt sich eine ungünstige Stellung für den Durchschwung. Meistens werfen die Spieler aus dieser Position heraus die Arme weit nach vorne. Hierdurch wird der Eintreffwinkel zu groß und der Schwung zu steil, so dass sich die Schlagfläche im Treffmoment nicht schließen kann.

Breiter Schwungradius mit guter Gewichtsverlagerung. Der rechte Arm bleibt vor dem Körper. Zwischen Unterarm und Oberarm ist ein großer Winkel.

Radius rechter Arm

Der rechte Arm ist hinter dem Körper versteckt. Die Arme sind zu weit hinter dem Körper.

-6.5

Breiter Schwungradius mit schöner Gewichtsverlagerung. Gewinkelt wird erst im zweiten Teil des Schwungs.	Die Arme sind vor dem Körper. Der Schläger hat schon gewinkelt.	Beide Ellbogen sind vor dem Körper. Die Hände sind weit neben dem Kopf. Zwischen Schläger und Arm ist ein optimaler Winkel. Das Gewicht ist auf die rechte Seite verlagert.
Rückschwung	**9-Uhr-Position**	**Endstellung**
Ohne Körperbewegung starten die Arme früh. Der Schlägerkopf bewegt sich zu viel.	Die Handgelenke haben sehr früh und sehr stark gewinkelt. Geringe Schwungbreite.	Die Hände sind fast hinter dem Kopf. Der linke Arm ist zu sehr gebeugt. Der Schwungradius ist zu klein.

Fade -6.6

So spiele ich eine Rechtskurve ...

Für den Fade muss die Schlagfläche im Verhältnis zur Schwungbahn geöffnet sein. Für 90% der Golfer sollte der Fade der einfachste Schlag überhaupt sein, da die meisten Spieler mit geöffneter Schlagfläche spielen. Hierdurch schwingen sie im Abschwung zu steil von außen nach innen und haben im Durchschwung einen angewinkelten linken Arm, wobei die Handknöchel der linken Hand in die Luft zeigen.

Das Divot zeigt nach links: Perfekte Voraussetzungen für den Fade. Richten Sie sich etwas nach links vom Ziel aus. Stellen Sie den Schläger in Richtung Ziel. Sie sollten auf keinen Fall versuchen, die Schlagfläche durch ein Verkanten nach rechts weiter zu öffnen. Dies würde nämlich einen großen Distanzverlust ergeben, da der Schläger zu viel Loft bekommt. So wird aus einem Eisen 5 schnell ein Eisen 7 oder 8. Wenn Sie nun entlang Ihrer Schultern schwingen, wird die Flugkurve Ihres Balles ein Fade sein.

Good to know.

1. Schlägfläche nach rechts öffnen.
2. Stand nach links vom Ziel ausrichten.
3. Von außen schwingen.

Draw -6.6

So spiele ich eine Linkskurve ...

Sie haben bereits gelernt, dass die Schlagfläche ein sehr wichtiges Element für den Golfschwung ist. Auch in Bezug auf den Draw spielt sie eine entscheidende Rolle: Um einen Draw spielen zu können, muss die Schlagfläche im Verhältnis zur Schwungbahn geschlossen sein.

Je stärker Sie im Durchschwung nach rechts schwingen, desto stärker muss auch die Schlagfläche geschlossen sein. Stellen Sie den Schläger in Richtung Ziel und verkanten Sie ihn dann etwas nach links. Richten Sie nun Ihren Körper etwas nach rechts vom Ziel aus. Dies hilft Ihnen, die benötigte flachere Schwungkurve zu erzielen.

Wenn Sie jetzt an Ihrem Körper vorbei nach rechts neben das Ziel schwingen, wird der Ballflug ein Draw sein. Die Erfahrung zeigt, dass man den Schläger dabei immer etwas mehr nach links verkanten muss, als es vom Gefühl her nötig scheint.

Good to know.

1. Schläger nach links verkanten (schließen).

2. Stand nach rechts vom Ziel ausrichten.

3. Von innen schwingen.

Slice $^{-6.6}$

Nie mehr einen Slice spielen.

Am Anfang einer Rechtskurve steht meist eine offene Schlagfläche.
Um einen Slice dauerhaft zu beseitigen,
muss als erstes die Schlagflächenstellung neutral eingestellt werden.
Dies kann an drei Stellen im Schwung vorgenommen werden:

- In der Ansprechhaltung durch Griff und Schaftstellung
- Im höchsten Punkt des Rückschwungs durch die Handgelenksstellung
- Im Abschwung durch Drehen des linken Handgelenks in Richtung Boden

Need to know.

Bei Slicegefahr:

1. Schlagfläche schließen.

2. Die Arme starten den Abschwung.

3. Von innen seitlich an den Ball schwingen.

Hook -6.6

Nie mehr einen Hook spielen.

Natürlich kann ein Schlag, der wie ein Hook wirkt, nur dadurch entstanden sein, dass man all die Änderungen, die man beim Draw vornimmt, übertrieben und so die Schlagfläche zu sehr geschlossen und zu sehr von innen geschwungen hat. Der Hook unterscheidet sich vom Draw dadurch, dass er ein unbeabsichtigter Fehlschlag ist, der nicht im Ziel landet. Er kann z.B. durch einen zu starken Griff und/oder ein Kreuzen des Schlägers im Rückschwung entstehen oder dadurch, dass der Körperschwerpunkt zu weit hinter dem Ball bleibt. Es können diese grundlegenden technischen Elemente sein, die einen Hook auslösen - aber auch ganz simple Dinge: So reicht schon eine erhöhte Körperspannung oder auch durch Nervosität ausgeschüttetes Adrenalin, um dem Ball die unbeabsichtigte Kurve zu geben. Die Beine werden zu schnell, der Schläger wird im Abschwung abgeflacht, und schon schließt sich der Schläger im Treffmoment.

Need to know.

1. Bleiben Sie nicht hinter dem Ball: Drehen Sie Ihren Körper in Richtung Ziel.

2. Kontrollieren Sie Ihren Griff.

3. Schaftstellung im Top überprüfen

Kurzes Spiel $^{-7.0}$

Das kurze Spiel ist für einen guten Score das Maß aller Dinge.

Der Pitch 7.1

So spielen Sie den Pitch.

Die Länge des Pitches muss gut dosierbar sein, da er aus verschiedenen Distanzen gespielt wird. Die Bewegung des langen Spieles eignet sich aufgrund der Hüftdrehung und des Releases des Schlägers nicht so gut für den Pitch, da hierbei zu viele Körperteile zu stark in Bewegung sind.

Beim Pitch ist ein ruhiger, dosierter und kontrollierter Schwung entscheidend: Der Pitch kann ohne Release gespielt werden, die Hände können also ruhig sein. Dies macht den Ballflug weicher und ruhiger. Der Ballflug des langen Spiels hingegen wäre zu druckvoll und schnell. Nach dem Aufkommen würde der Ball nicht schnell genug anhalten.

Good to know.

Im Gegensatz zum langen Spiel darf beim Pitch vorne nach innen geschwungen werden. Die Schlagfläche darf dabei offen bleiben.

-7.1

Good to know.
Mit dem MB-Wedgesystem werden Sie sich auf Ihre kurzen Eisen verlassen können ...

Die 3 Grundbewegungen -7.2

Zusammensetzung.

Für einen guten Pitch muss ein Spieler die drei Grundbewegungen gut erlernt haben. Diese sorgen nämlich für den richtigen Eintreffwinkel, eine gute Gewichtsverlagerung, Kraft, Dosierbarkeit und Wiederholbarkeit des Pitches. Pitchen ist ein sehr wichtiger Leistungsfaktor. Häufig ist der Pitch der Schlag, den die Profis am schlechtesten können, dabei ist er so relevant für den Score und den Turniersieg. Profis spielen den Pitch im Durchschnitt mit mehr als 20% Ungenauigkeit. Da die Wahrscheinlichkeit, einen Ball mit einem Schlag einzulochen, unter 50% sinkt, wenn man mehr als zwei Meter von der Fahne entfernt liegt, ist es offensichtlich, wie viel Wert auf gutes Pitchen zu legen ist.

Drehen der Schulter.

Die Schultern müssen im Golfschwung gedreht werden. Sie verlagern das Gewicht auf das rechte Bein. Die Bewegung der Schultern verläuft auf einer flachen Ebene.

Heben der Arme.

Die Arme müssen im Rückschwung gehoben werden. Dies wird auch als Hub bezeichnet. Dies liefert ein großes Maß an Eintreffwinkel. Die Arme bewegen sich dabei auf einer sehr steilen Bahn und damit auf einer ganz anderen Ebene als die Schultern.

Rotieren der Arme.

Das Rotieren der Arme bringt den Schläger in die richtige Position. Der rechte Arm faltet und der linke Arm rotiert. Zwischen Armen und Schläger ist dann ein Winkel vorhanden.

Grundstellung

In der Ansprechhaltung hängen die Arme locker nach unten. Arme und Körper führen ganz unterschiedliche Bewegungen durch: Die Arme schwingen steil, der Körper hingegen dreht sich auf einer flachen Bahn.

-7.2

Drehen der Schulter	**Heben der Arme**	**Rotieren der Arme**
Die Drehung der Schultern ist die erste Grundbewegung.	Das Heben der Arme ist eine weitere Grundbewegung.	Die dritte Grundbewegung ist das Rotieren der Arme. Sie bringt den Schläger in die richtige Position im Rückschwung.

-7.3

Good to know.
Die Balllage bestimmt die Flughöhe.

Mythos Winkeln $^{-7.3}$

Auch ohne zusätzliches Winkeln lässt es sich gut pitchen, weil in der Ansprechhaltung genug Winkel vorhanden ist. Durch die drei Grundbewegungen kommt man in die richtige Pitchposition.

Winkel der Grundstellung

Balllage / Flughöhe -7.4

Flache Flugkurve / Balllage rechts

Mit dem Ball rechts im Stand ergibt sich eine starke Schaftneigung. Die Hände sind weit vor dem Ball. Der Eintreffwinkel ist sehr hoch und der Ball wird stark gegen den Boden gedrückt. Der Ball startet dadurch flach.

Mittlere Flugkurve / Balllage mittig

Durch eine mittlere Balllage steht der Schaft des Schlägers neutral. Der Ball startet in der normalen Flughöhe, die dem Loft des Schlägers entspricht.

Hohe Flugkurve / Balllage links

Liegt der Ball links im Stand, lassen sich hohe Ballflüge erreichen.
Die Hände sind hinter dem Ball. Der Eintreffwinkel ist dadurch so flach, dass es häufig zu fetten Bällen (erst wird der Boden und dann der Ball getroffen) und getoppten Bällen (Ball wird im oberen Bereich getroffen) kommen kann.

-7.4

Pitch mit Release $^{-7.5}$

Flache, dynamische Flugbahn mit Rolleffekt.

Diese Stellung ergibt einen Schlag, bei dem der Ball einen flachen Ballflug hat. Die Arme wurden durch den Ball hindurch gestreckt, die Schlagfläche hat sich geschlossen und den Ball gegen den Boden gedrückt. Der Eintreffwinkel ist hoch und es wurde ein Divot geschlagen.

Drehen der Schulter und Schließen des Schlägers durch Releasen. Der Ballflug ist dadurch sehr gerade und druckvoll. Eignet sich auch sehr gut, um durch Lücken zu spielen.

Tourstellung flacher Ballflug

Pitch ohne Release ^{-7.6}

Butterweicher Ballflug.

Der Handrücken zeigt in den Himmel. Dies ist ein Zeichen für eine Bewegung ohne Release. Die Schlagfläche bleibt während des Schwungs leicht geöffnet. Der Ballflug zeichnet sich durch viel Spin und einen ruhigen Flug aus. Nach der Landung bleibt er schnell liegen.

Frühes Drehen der Schulter in Richtung Ziel. Der rechte Arm bleibt unter dem linken Arm. Die Schlagfläche bleibt geöffnet. Durch die Drehung nach vorn entsteht ein großer Eintreffwinkel.

Tourstellung weicher Pitch

Dosierung Rückschwunglänge[-7.7]

08.00 Uhr Position der Arme

Durch eine bestimmte Rückschwunglänge ergibt sich auch eine bestimmte Schlagweite. Die Länge der Ausholbewegung wird durch den linken Arm und das Zifferblatt einer Uhr bestimmt. Der Schläger spielt dabei keine Rolle, da der Winkel zwischen Arm und Schaft bei allen Positionen des Wedgesystems immer gleich bleibt.

Längenbeispiel in Metern
Spieler: Markus Bucksch
Schläger: Sandwedge

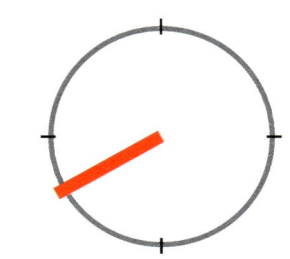

27 m (SW)

09.00 Uhr Position der Arme

Steht der linke Arm horizontal in der 9-Uhr-Stellung, fliegt der Ball ca. 45 Meter weit. Diese Distanz variiert je nach Technikstand und Kraftpotential von Spieler zu Spieler. Wichtig ist nur, dass der Spieler selber weiß, wie weit er den Ball schlägt, wenn er so weit ausholt.

Längenbeispiel in Metern
Spieler: Markus Bucksch
Schläger: Sandwedge

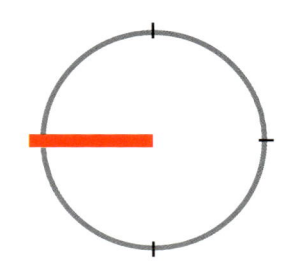

45 m (SW)

10.00 Uhr Position der Arme

Der linke Arm steht auf der 10-Uhr-Stellung. Der Winkel zwischen Arm und Schläger ist der gleiche wie bei den anderen Positionen.

Längenbeispiel in Metern
Spieler: Markus Bucksch
Schläger: Sandwedge

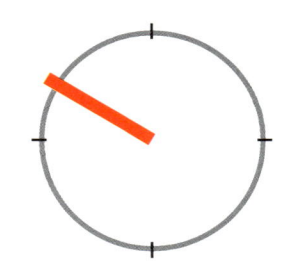

64 m (SW)

11.00 Uhr Position der Arme

Diese Schlaglänge sollte jeder Spieler kennen. Es ist die normale Schlagweite bei einem normalen Schwung.

Längenbeispiel in Metern
Spieler: Markus Bucksch
Schläger: Sandwedge

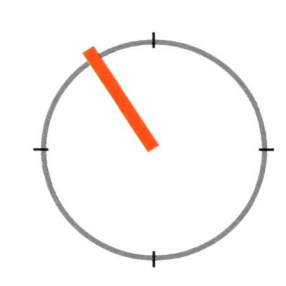

85 m (SW)

-7.7

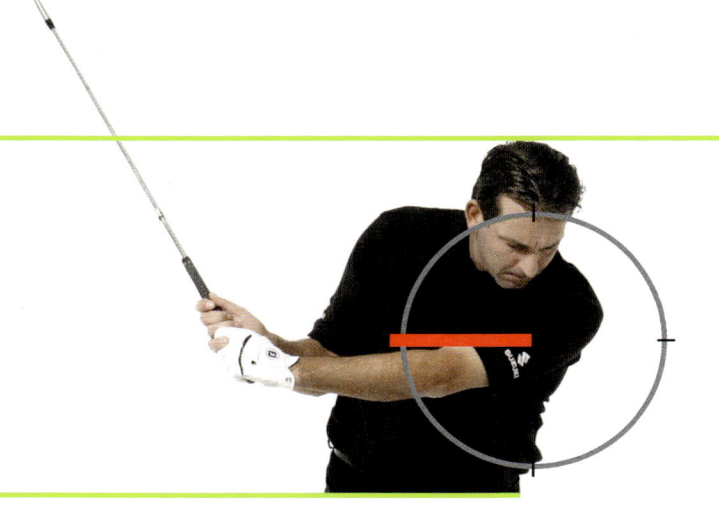

Need to know.

Der Winkel zwischen Arm und Schläger bleibt bei allen Bewegungen gleich.

MB-Wedgesystem (SW)⁻⁷·⁸

Distanz-Kontrolle beim Pitch.

Verschiedene Rückschwunglängen erzeugen unterschiedliche Schlagweiten. Wollen Sie eine Kontrolle Ihrer Schlagdistanzen beim Pitchen erreichen, so lässt sich dies am leichtesten mittels der Rückschwungpositionen verwirklichen. Dazu sollten Sie zunächst einmal eine Serie von 10 Bällen vom Grünrand weg spielen, jedoch nicht in Richtung der Fahne. Dies ist wichtig, da sonst das Ergebnis verfälscht wird. Man möchte in diesem Augenblick nämlich nur herausfinden, wie weit die Bälle bei einem bestimmtem Aufwand fliegen. Danach misst man die erzielten Längen aus. Daraus lässt sich ein Mittelwert für den entsprechenden Schläger und die entsprechende Rückschwungposition ermitteln.

Der Rhythmus sollte bei jedem Schlag ruhig und kontrolliert sein. Der Schlag muss nicht besonders kraftvoll sein, wichtiger ist, dass er gleichmäßig durchgeführt wird. Spieler sind immer wieder verwundert, wie gleichmäßig und genau die Bälle dann immer wieder an der gleichen Stelle landen. Dieselbe Prozedur führen Sie für alle Schläger des MB-Wedgesystems durch, und ermitteln so deren Schlagweiten: Pitching Wedge (ca. 48°), Target Wedge (ca. 52°), Sand Wedge (ca. 56°), Lob Wedge (60°). Bei 4 Schlägern ergeben sich für die 4 Rückschwungpositionen insgesamt 16 Distanzen.

-7.8

Need to know.

Der Winkel zwischen Arm und Schläger bleibt bei allen Bewegungen gleich.

Schlagweite in Metern		LW	20	35	45	60
Schlagweite in Metern		SW	27	45	64	85
Schlagweite in Metern		TW	35	58	73	90
Schlagweite in Metern		PW	42	63	80	100

Im Bunker -8.0

Eine präzise Dosierung des Bunkerschlags kann Ihnen das Par retten.

Im Bunker -8.1

Der optimale Bunkerschlag.

Der Bunker ist keine Falle, sondern nur ein mit Sand gefülltes Hindernis. Ein gutes Bunkerspiel beginnt mit der richtigen Einstellung und dem richtigen Schläger: Die positive Einstellung gewinnen Sie durch eine gute Technik, die das Spielen im Bunker leicht macht. Das Wichtigste ist, dass Sie mit dem ersten Schlag herauskommen. Der meist benutzte Schläger hierfür ist das Sandwedge. Es hat eine besondere Sohlenkonstruktion, die man Bounce nennt. Durch den Bounce prallt der Schläger leicht vom Sand ab, während er unter dem Ball hindurchrutscht. Je nach Beschaffenheit des Sandes brauchen Sie einen Schläger mit viel oder wenig Bounce. Wenn Sie einen guten Bunkerschlag machen, wird der Ball auf dem getroffenen Sand über die Bunkerkante auf das Grün getragen.

Schläger öffnen!
Je mehr Sie die Schlagfläche öffnen, desto höher und kürzer fliegt der Ball.

Nach innnen schwingen
Schwingen Sie entlang Ihres Körpers. Stellen Sie sich vor, dass Sie die Hände in Richtung linker Hosentasche führen.

Setup -8.2

Das richtige Setup im Bunker.

1. Öffnen Sie den Schläger (rechts verkanten).
2. Greifen Sie den Schläger in dieser Stellung.
3. Richten Sie Ihren Körper leicht nach links aus.
4. Graben Sie die Füße in den Sand, um den tiefsten Punkt der Schwungkurve tiefer in den Sand zu bekommen.
5. Neigen Sie Ihren Körper nicht nach rechts, auch wenn Sie über eine hohe Bunkerkante spielen wollen. Gewicht und Kopf mehr nach links orientieren.
6. Schwingen Sie entlang Ihres Körpers. Der Schläger bleibt den ganzen Schwung hindurch offen (rechts verkantet).
7. Der Schwung wird durch den Oberkörper und die Arme dominiert.

Schlägerblatt
Durch Verkanten des Schlägerblattes nach rechts vergrößert sich der Bounce des Schlägers.

Balllage
Der Ball liegt links im Stand, da nicht der Ball, sondern nur der Sand getroffen werden soll.

Stand
Nehmen Sie den linken Fuß etwas zurück.

Sie verkürzen dadurch das linke Bein und der Körperschwerpunkt verlagert sich nach links, wodurch ein guter Eintreffwinkel entsteht.

Der richtige Griff im Bunker -8.3

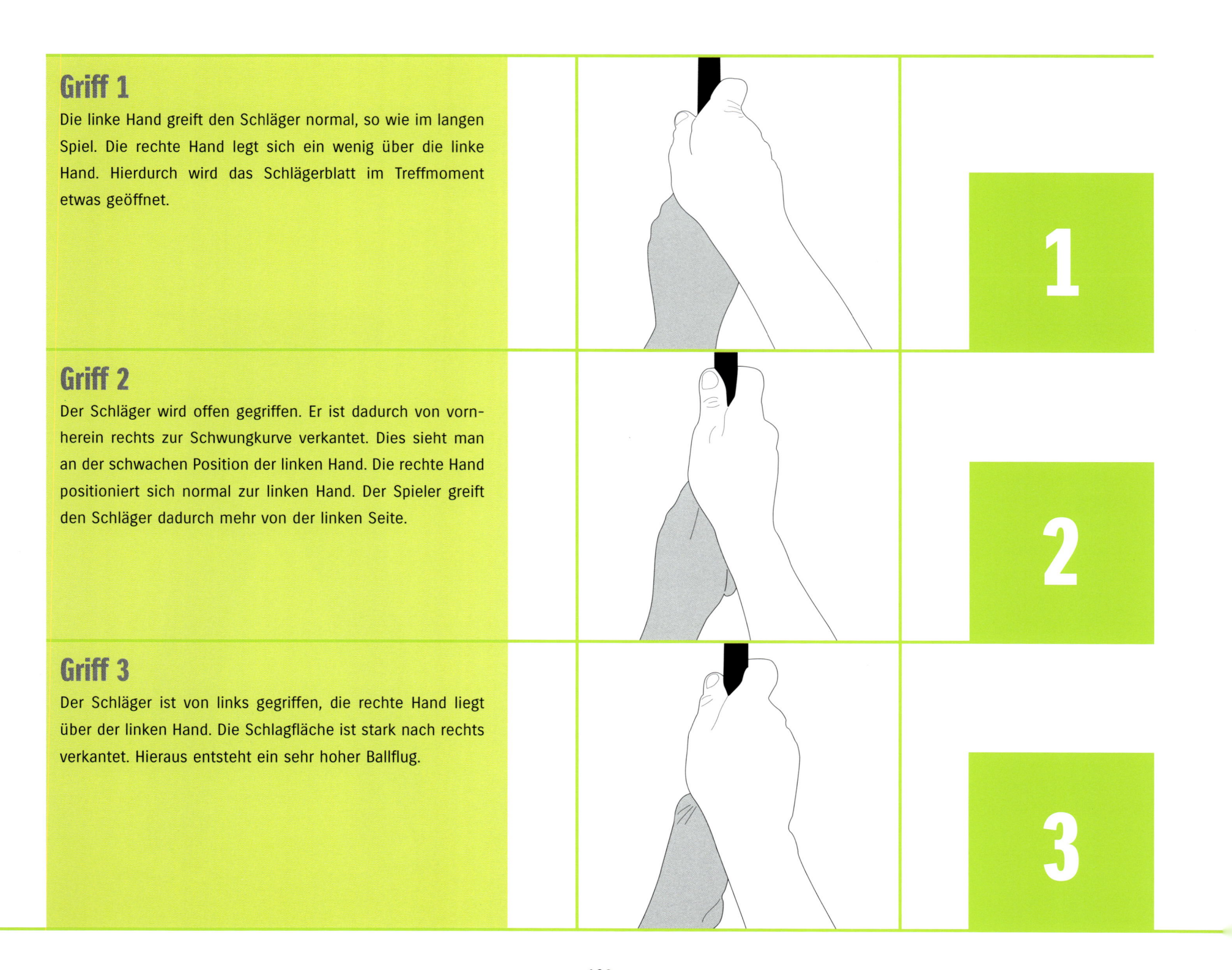

Griff 1
Die linke Hand greift den Schläger normal, so wie im langen Spiel. Die rechte Hand legt sich ein wenig über die linke Hand. Hierdurch wird das Schlägerblatt im Treffmoment etwas geöffnet.

Griff 2
Der Schläger wird offen gegriffen. Er ist dadurch von vornherein rechts zur Schwungkurve verkantet. Dies sieht man an der schwachen Position der linken Hand. Die rechte Hand positioniert sich normal zur linken Hand. Der Spieler greift den Schläger dadurch mehr von der linken Seite.

Griff 3
Der Schläger ist von links gegriffen, die rechte Hand liegt über der linken Hand. Die Schlagfläche ist stark nach rechts verkantet. Hieraus entsteht ein sehr hoher Ballflug.

Erst den Sand -8.4

Der Ball wird im Bunker nicht getroffen.

Der Ball liegt links im Stand, so dass der Sand, nicht der Ball getroffen wird. Der Bounce wird durch Drehen des Schlägers nach rechts vergrößert und prallt so besser vom Sand ab. Je mehr Bounce ein Schläger hat, desto mehr prallt er ab.

Bei nassem Sand sollte man mit weniger Bounce aus dem Bunker spielen, damit der Schläger durch den schwereren Sand hindurchschneidet.

Schlagfläche.

Der Schläger gleitet unter dem Ball hindurch.
Je mehr Sie die Schlagfläche öffnen, desto höher und kürzer fliegt der Ball.

Der Ball wird nicht getroffen.

Der Spieler schlägt kräftig in den Sand, wobei der Schläger erst den Sand trifft. Der Ball wird auf der getroffenen Sandmenge aus dem Bunker herausgetragen.

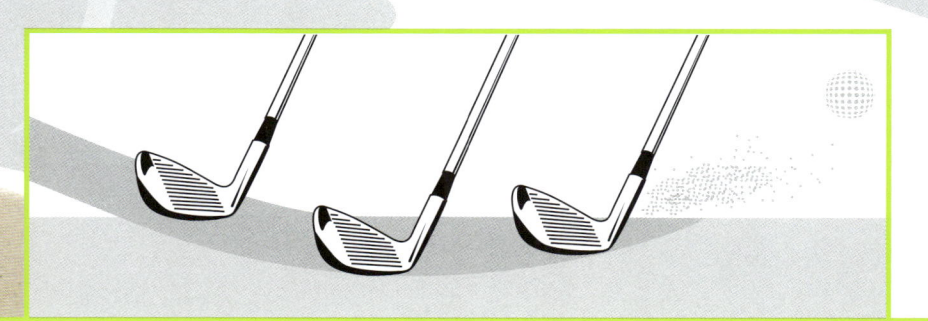

Schwungkurve -8.5

In der Ansprechhaltung ist die Balllage links und der Schläger (SW) leicht geöffnet.	Im Rückschwung bleiben die Arme vor dem Körper.	Die Schaftstellung während des Rückschwungs ist eher steil als flach.

Schwungkurve im Bunker

Das Ziel des Abschwungs liegt einige Zentimeter vor dem Ball.	Schwingen Sie kräftig nach unten Richtung Sand.	Im Treffmoment sollte der Schläger immer noch geöffnet sein, damit er gut durch den Sand hindurch schneidet.

Das Treffmoment im Sand.

Der Schläger wird nach innen geschwungen. Der Körperschwerpunkt liegt auf dem linken Bein. Durch den Eintreffwinkel und den Bounce des Schlägers ergibt sich das typische Aufspritzen des Sandes. Der Ball wird auf dem Sandpolster in die Luft befördert. Das Sanddivot liegt vor dem Ball.

-8.5

Hohe Bunkerkante

Um hohe Bunkerkanten zu überwinden, müssen Sie die Schlagfläche weiter öffnen. Legen Sie den Ball weit links in den Stand und verlagern Sie das Gewicht stark auf das linke Bein.

Bounce -8.6

Der richtige Bounce des Schlägers.

Je nach Beschaffenheit des Untergrundes benötigt man ein Wedge mit wenig oder viel Bounce. Mit Bounce wird die Beschaffenheit der Untersohle des Schlägers umschrieben: Ein Schläger, bei dem die vordere Kante der Untersohle höher liegt als die hintere Kante, hat viel Bounce.

Als wenig Bounce bezeichnet man es, wenn die vordere Kante der Schlägersohle niedriger liegt als die hintere Kante. Eine Lage mit wenig Gras lässt sich gut mit einem Schläger mit wenig Bounce spielen, eine Bunkerlage mit sehr feinem dünnen Sand hingegen erfordert ein Sand-Wedge, welches viel Bounce und eine breitere Sohle hat. Durch die Wahl des richtigen Schlägers lassen sich schnell einige Schläge einsparen.

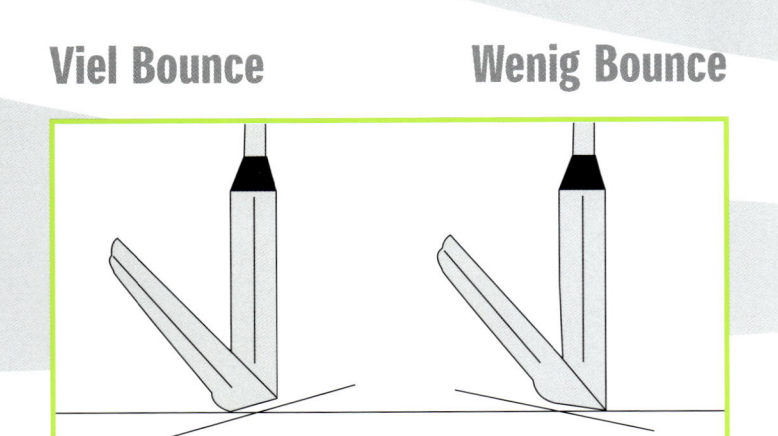

Viel Bounce   **Wenig Bounce**

Spiegelei -8.7

Wie spiele ich einen eingegrabenen Ball?

1. Schließen Sie den Schläger wieder in die neutrale Position.
2. Der Ball wird etwas mehr zur Mitte gelegt.
3. Schlagen Sie, mit nach links geneigtem Körper, vor dem Ball in den Sand. Der Schläger muss fast im Sand stecken bleiben, um den Ball auszugraben.
4. Versuchen Sie nicht, einen großen Durchschwung zu machen.

Balllage ist in der Mitte
Um den Eintreffwinkel zu erhöhen, positionieren Sie den Ball mittig. Dadurch wird weniger Sand getroffen.

-8.8

Good to know.
Die Länge des Rückschwungs bestimmt die Flugweite im Bunker.

Distanzdosierung -8.8

Variieren von Distanzen im Bunker.

Sie können die Distanz aus dem Bunker variieren durch ...

1. **die Schlagflächenstellung:**
   Je stärker die Schlagfläche nach rechts verkantet ist, desto höher und kürzer fliegt der Ball.
2. **die Ausrichtung des Körpers:**
   Je mehr Sie sich nach links ausrichten, desto höher und kürzer fliegt der Ball.
3. **die Länge der Ausholbewegung:**
   Je weiter sie ausholen, desto weiter fliegt der Ball.
4. **die Balllage:**
   Sie beeinflusst die Sandmenge: Je weiter Sie den Ball im Stand nach rechts legen, desto geringer wird die Sandmenge, die Sie mitschlagen.
5. **die Wahl des Wedges:**
   (Bounce, Flunch, Gewicht)

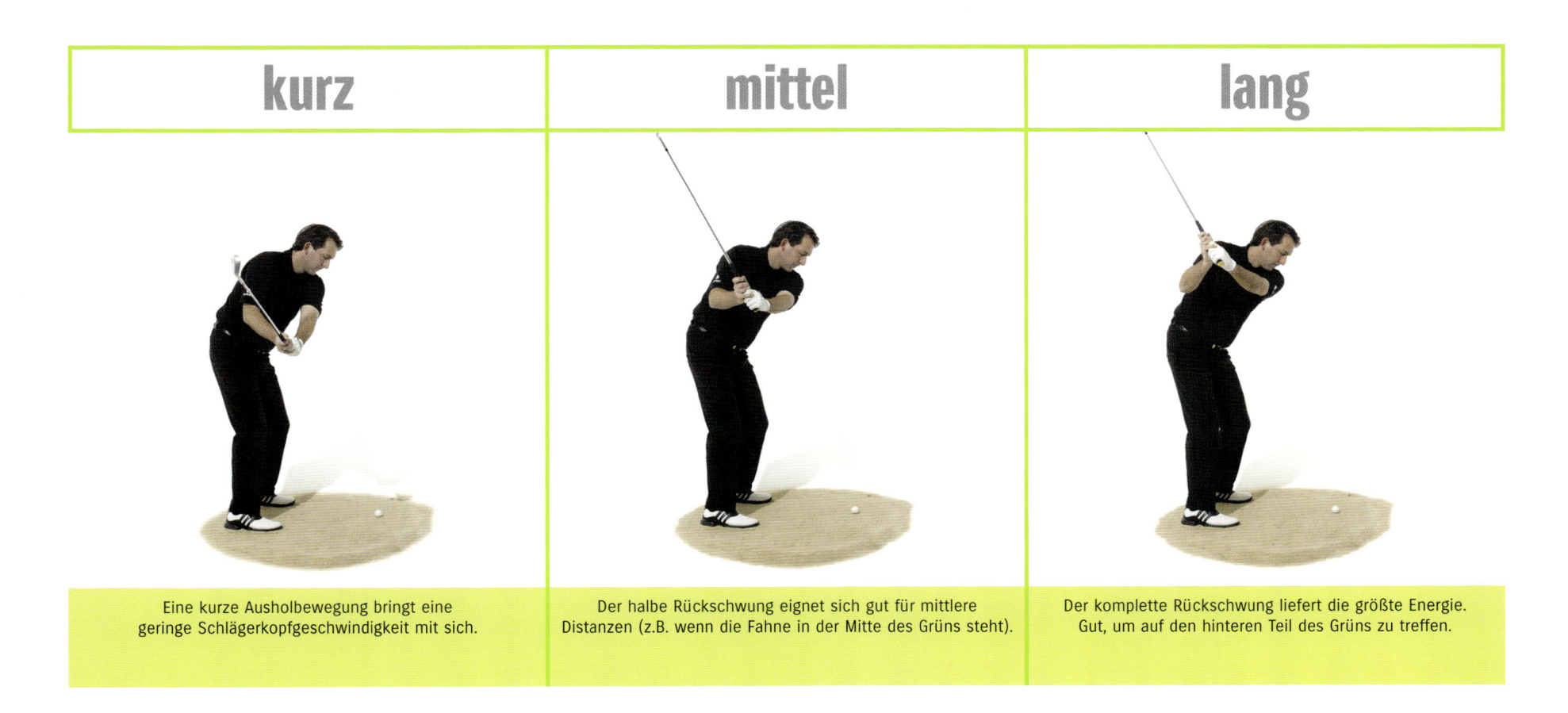

kurz	mittel	lang
Eine kurze Ausholbewegung bringt eine geringe Schlägerkopfgeschwindigkeit mit sich.	Der halbe Rückschwung eignet sich gut für mittlere Distanzen (z.B. wenn die Fahne in der Mitte des Grüns steht).	Der komplette Rückschwung liefert die größte Energie. Gut, um auf den hinteren Teil des Grüns zu treffen.

Faiwaybunker -8.9

Gute Längen aus dem Fairwaybunker.

Um den Ball sauber zu treffen, sollte der Ball etwas mehr in der Mitte des Standes liegen. Dies erhöht den Eintreffwinkel, der Ball wird mehr von oben nach unten getroffen. Wenn Sie die rechte Schuhinnenseite ein wenig in den Sand verkeilen, vermindert sich die Gewichtsverlagerung. Der Körper bleibt etwas passiver, und der Schlag wird mehr aus den Armen durchgeführt. Im Fairwaybunker muss man aufpassen, dass man nicht mit dem rechten Fuß ausrutscht.

Im Fairwaybunker wird released.

Das Gute an einem perfekten Release ist, dass die Schwungkurve rund wird und der Spieler seine Körperwinkel halten kann. Der tiefste Punkt der Kurve liegt dadurch deutlich hinter dem Ball. Dadurch wird erst der Ball, dann der Sand getroffen, und man hat einen sauberen Ballkontakt ohne Sand zwischen Schlagfläche und Ball. Ohne Release bliebe die Schlagfläche offen, der Schläger würde dadurch zu früh entwinkeln und den Sand vor dem Ball berühren (fett getroffener Ball).

Die richtige Schläger im Bunker.

Wählen Sie den Schläger so, dass Sie sicher über die Bunkerkante hinwegkommen, auch wenn Sie dafür einen Schläger nehmen müssen, mit dem sie es nicht ganz bis zum Grün schaffen. Spielen Sie im Zweifel immer 'auf sicher': Der Ball sollte schon beim ersten Schlag den Bunker sicher verlassen.

Greifen Sie kürzer.

Damit Sie nicht Gefahr laufen, schon vor dem Ballkontakt den Sand zu berühren, können Sie den Schläger auch etwas kürzer greifen.

Graben Sie sich im Fairwaybunker nicht zu sehr mit den Füßen in den Sand ein. Bleiben Sie oben auf dem Sand stehen, damit der tiefste Punkt der Schwungkurve nicht unnötig vertieft wird.

Der Chip -9.0

Für den Chip sind richtige Balllage und optimale Neigung des Körpers zum Ziel notwendig.

Der Chip -9.1

Setup.

In der Ansprechhaltung des Chips hat der Spieler eine schmale Standbreite. So ist es leichter, im Zuge der geringen Dynamik des Schlages den in der Mitte bis rechts liegenden Ball zu treffen. Der Körper ist nach links geneigt. Schauen Sie den Ball etwas von links an. Wenn Sie den linken Fuß etwas zurücknehmen, wird dadurch das linke Bein etwas kürzer, und der Körper legt sich leicht in Richtung Ziel.

Immer an der Fahne.

Keine gute Golfrunde ohne gutes Chippen. Selbst die Profis treffen im Schnitt nur 12 Grüns auf einer 18-Loch-Golfrunde. Das bedeutet, dass auch sie an den 6 nicht getroffenen Grüns auf gutes Chippen angewiesen sind. Würden sie schlecht Chippen, würde das bedeuten, dass sie bei durchschnittlich zwei Putts an diesen sechs Löchern immer das Par verfehlen.

Der Chip muss daher nah an das Loch, damit nur noch ein Putt benötigt wird: Aus einem Meter Distanz locht der Profi beim Putt nämlich 98% der Bälle ein. Doch schon aus 1,90 m Distanz liegt die Trefferquote nur noch bei 50 %. Ist man also weiter als zwei Meter von der Fahne entfernt, sinkt die Wahrscheinlichkeit für ein erfolgreiches Einlochen auf unter 50%.

Wenn Sie nach einem Chip nur noch einen Meter entfernt von der Fahne liegen, dürfen Sie also berechtigterweise von einem 'guten Chip' sprechen.

Grundbewegung Chip -9.2

Die Schultern bewegen sich rauf und runter. Dabei drehen sie sich nur ganz wenig.	Die Arme bewegen sich vor dem Körper hin und her. Sie liegen nicht fest am Körper an.	Bei flachen Chips beugen sich die Handgelenke. Die Endstellung ist aber fest.
Ausrichtung	**Rückschwung**	**Durchschwung**
Der linke Fuß wird etwas zurückgenommen. Der Körper neigt sich dadurch nach links, und es entsteht ein Eintreffwinkel.	Eine kurze Ausholbewegung mit geringem Handgelenkeinsatz bringt eine geringe Schlägerkopfgeschwindigkeit mit sich.	Die Endstellung des Chips sollte solide sein. Der Schläger sollte die Hände nicht überholen.

Balllage / Schaftstellung -9.3

Balllage rechts.
Der Schaft ist nach rechts geneigt.
Der Ball wird flach losfliegen.

1

Balllage neutral.
Der Schaft ist nur leicht schräg, er zeigt in die Leiste.
Der Ball fliegt nun höher.

2

Balllage links.
Die Hände sind hinter dem Ball.
Der Schaft zeigt in die Körpermitte.
Der Ball fliegt hoch.

3

-9.3

Good to know.
Beim Chippen bestimmt der Loft des Schlägers das Verhältnis zwischen Flug- und Rollstrecke.

Körperschwerpunkt -9.4

Die Gefahr des Toppens ist groß.

Wenn Sie Ihr Gewicht auf das linke Bein bringen, jedoch gleichzeitig mit dem Oberkörper nach rechts abknicken, ist die Gefahr des Toppens und des frühen Bodenkontaktes groß.

Der Eintreffwinkel ist gering, weil der Körper ab der Hüfte nach rechts geneigt ist.

So haben Sie den richtigen Eintreffwinkel.

Der Körper sollte in seiner Gänze nach links geneigt werden.

**Der linke Fuß wird etwas zurückgenommen.
Der Körper neigt sich dadurch nach links,
und es entsteht ein optimaler Eintreffwinkel.**

Hinten VS. **Vorne**

Fußstellung -9.5

Die optimale Balllage und Fußstellung.

Die Fußwinkel sind parallel. Der linke Fuß wird etwas zurückgenommen. Dadurch wird das linke Bein kürzer, und der Körperschwerpunkt fällt nach links vor den Ball. Der Körper steht parallel zum Ziel.

Fliegen und rollen.

Es gibt beim Chip immer einen Fluganteil und eine Rollanteil. Das Verhältnis der beiden Anteile verändert sich je nach Schläger: Hohe Schlägerzahlen fliegen höher, tiefe Zahlen fliegen niedriger. Ein Eisen 4 bringt den Ball also einen kleinen Teil zum Fliegen und einen großen Teil zum Rollen. Nutzen Sie immer den ganzen Schlägersatz zum Chippen. Das bringt mehr Gewinn, als alles mit nur einem Schläger zu spielen.

Beim Chip darf die Sohle des Schlägers plan aufliegen, da er sich im Schwung nicht groß versteilern muss.

Der linke Fuß wird etwas zurückgenommen.
Der Körper neigt sich dadurch nach links,
und es entsteht ein optimaler Eintreffwinkel.

Damit der Ball gut getroffen wird, muss der Schaft in Richtung Ziel geneigt sein.

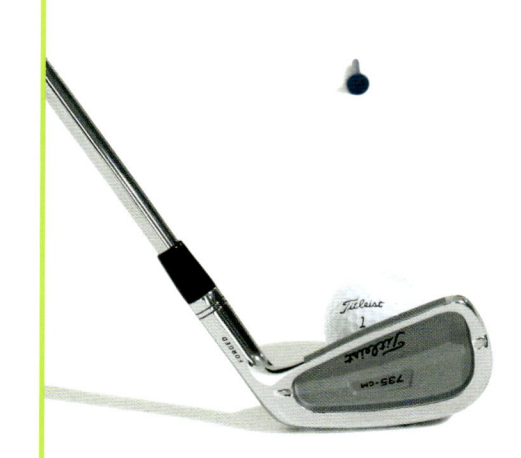

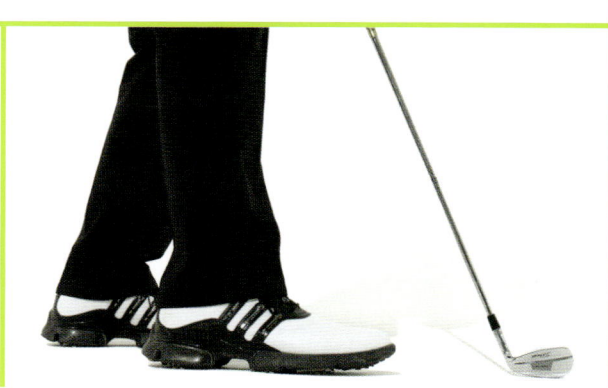

Üben Sie die Ausrichtung, indem Sie über das Tee spielen!

-9.6

Need to know.
Der richtige Eintreffwinkel erzeugt ein tolles Ballgefühl.

Endstellung 9.6

Die Endstellung beim Chip.

Die Endstellung beim Chip sollte einen Augenblick gehalten werden können. Das bringt Disziplin in die Bewegung und sorgt dafür, dass man nicht zu früh mit der Bewegung der Hände aufhört. Der vielleicht häufigste Fehler beim Chippen ist das zu frühe Stoppen der Arme vor dem Treffmoment. Sobald der Arm in der Vorwärtsbewegung stoppt, knicken die Handgelenke ab, weil der bis dahin beschleunigte Schläger sich durch seine Trägheit noch weiter bewegt und die Hände überholt. In diesem Fall kommt der Spieler nicht in die solide Endstellung. Bei einem guten Chip hat der Schläger im Treffmoment einen ähnlichen Loft wie in der Ansprechhaltung.

Die Beweglichkeit der Hände.

Mit ruhigen Händen ist es etwas einfacher, die Länge der Chips zu regulieren. Dennoch haben viele gute Spieler eine gewisse Beweglichkeit in ihrer Bewegung, die ihnen bei der Dosierung der Distanz hilft.

Der unerfahrene Spieler sollte versuchen, die Bewegung zu vereinfachen. Besonders die Armrotation sollte nicht übertrieben werden. Sie erzeugt mehr Loft, verkantet den Schläger und ruft Ungenauigkeiten hervor.

Der Puttchip.

Bei diesem Schlag handelt es sich um eine Bewegung, die der des Puttens sehr ähnlich ist. Der Spieler steht etwas näher an der Ball-Ziellinie, der Schläger steht dadurch steiler auf der Spitze. Der Griff läuft deshalb durch die Handfläche. Er steht nun im selben Lagewinkel wie ein Putter, die Bewegung ist identisch. Der Puttchip ist ein Einhebelschwung, bei dem Arm und Schläger eine Linie bilden.

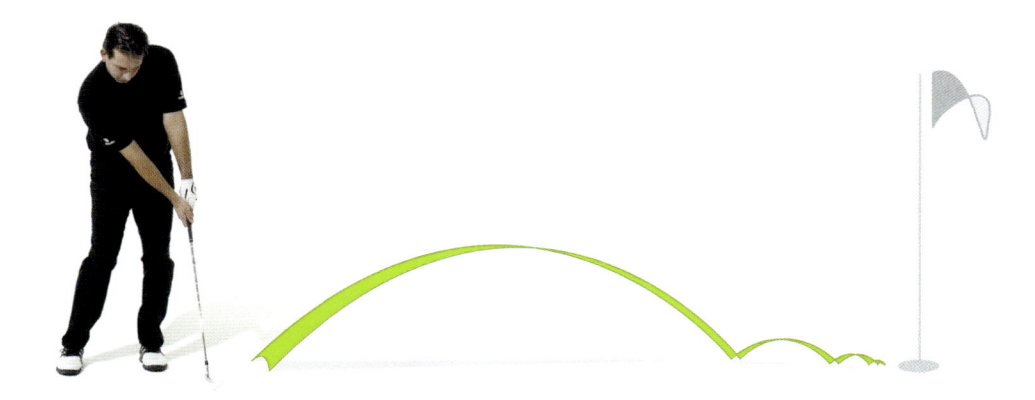

Falsches Schlaggefühl.

Es gibt zwei Schlaggefühle, die zu schlechten Chips bzw. zu schlechten Golfschlägen allgemein führen: Einmal das Gefühl, den Schläger und den Ball in Richtung des Zieles führen zu müssen, und dann das Gefühl, den Ball heben zu müssen. Beides führt zu schlechten Schlägen.

Es entstehen Doppelschläge (Ball wird mehrfach berührt) und Sockets (Ball wird am Schaft getroffen).
Treffen Sie den Ball immer im Abschwung und spielen Sie Ball-Boden.

Chipsystem -10.0

Rollstrecke und Flugweite bestimmen nach dem MB-Chipsystem die Schlägerwahl

Das MB-Chipsystem -10.1

Funktion des MB-Chipsystems.

Mit dem MB-Chipsystem verbessern Sie Ihren Score. Sie werden viel öfter das Golfloch mit nur noch einem Putt beenden.

Die meisten Amateure wählen zum Chippen immer denselben Schläger. Darin liegt jedoch ein großer Nachteil. Zum Chippen sollte man nämlich unter allen Schlägern aus dem Golfbag den für die jeweilige Situation passenden auswählen. Auf Besonderheiten des Grüns kann so besser Rücksicht genommen werden. Die Bewegung beim Chip ist immer ähnlich. Durch die unterschiedlichen Schläger wird der Schlag an die Situation angepasst. Je länger der Chip, desto weniger Loft sollte man wählen, damit der Ball gut ausrollt. Je kürzer die zu spielende Distanz, desto mehr Loft sollte der gewählte Schläger aufweisen, damit der Ball lange genug fliegt und schnell genug liegen bleibt. Lassen Sie den Ball immer eine Schlägerlänge hinter dem Grünrand landen. So haben Sie genügend Fehlertoleranz.

Man hat also zwei Faktoren für die Bestimmung der richtigen Dosierung beim Chippen:

1.
Den richtig gewählten Schläger, der das gewünschte Verhältnis von Fliegen und Rollen perfekt erreicht.

2.
Die Landezone, auf der man den Ball landen lässt.
Beide Faktoren helfen dem Spieler, die jeweilige Situation besser einzuschätzen. Das Verhältnis von Flugstrecke zu Rollstrecke bestimmt den richtigen Schläger.

Bergauf nehmen Sie einen Schläger mit weniger Loft (z.B. ein Eisen 3 anstelle eines Eisen 4).

Bergab ist es genau umgekehrt -
hier nehmen Sie einen Schläger mit mehr Loft.

-10.1

Good to know.

Mit dem MB-Chipsystem haben Sie die Möglichkeit, den Ball immer an die Fahne zu spielen.

Schlägerformel -10.2

Die Formel zum Erfolg.

Die Zahl 12 ist entscheidend bei der Wahl des richtigen Schlägers beim Chip: Aus ihr lässt sich über das Verhältnis von Flug- und Rollstrecke der richtige Schläger ermitteln. Haben Sie eine Strecke von 3 Metern zum Grün zu überbrücken und außerdem 12 Meter auf dem Grün zu spielen, so stehen die Zahlen im Verhältnis von 1 zu 4 zueinander. Die Zahl 4 wird nun von der Zahl 12 abgezogen. Hieraus erhalten Sie das für die Situation richtige Eisen, in diesem Fall das Eisen 8. Stehen Sie hingegen 6 Meter vor dem Grün und haben 12 Meter auf dem Grün zurückzulegen, so stehen die Zahlen im Verhältnis 1 zu 2 zueinander. 12-2 ergibt 10 - also nehmen Sie das Eisen 10. In den früheren Schlägersätzen kam nach dem Eisen 9 das Eisen 10 - heute heißt dieser Schläger Pitching-Wedge, welches Sie in dieser Situation wählen sollten.

12 - Rollstrecke : Flugs

$$12 - \frac{\text{Rollstrecke}}{\text{Flugstrecke}} = \text{Schlägerwahl}$$

Need to know.

Je mehr Loft ein Schläger hat, desto schwieriger ist es, ihn richtig zu treffen. Der schwierigste Schläger ist daher das Lobwedge. Im Rough sollten Sie es nie nehmen. Der Putter ist der einfachste Schläger für die Annäherungen. Er hat den wenigsten Loft und lässt den Ball am leichtesten losrollen. Den Putter sollte man immer nehmen, wenn die Situation es erlaubt.

-10.2

trecke = Schlägerwahl

Flugstrecke / Rollstrecke -10.3

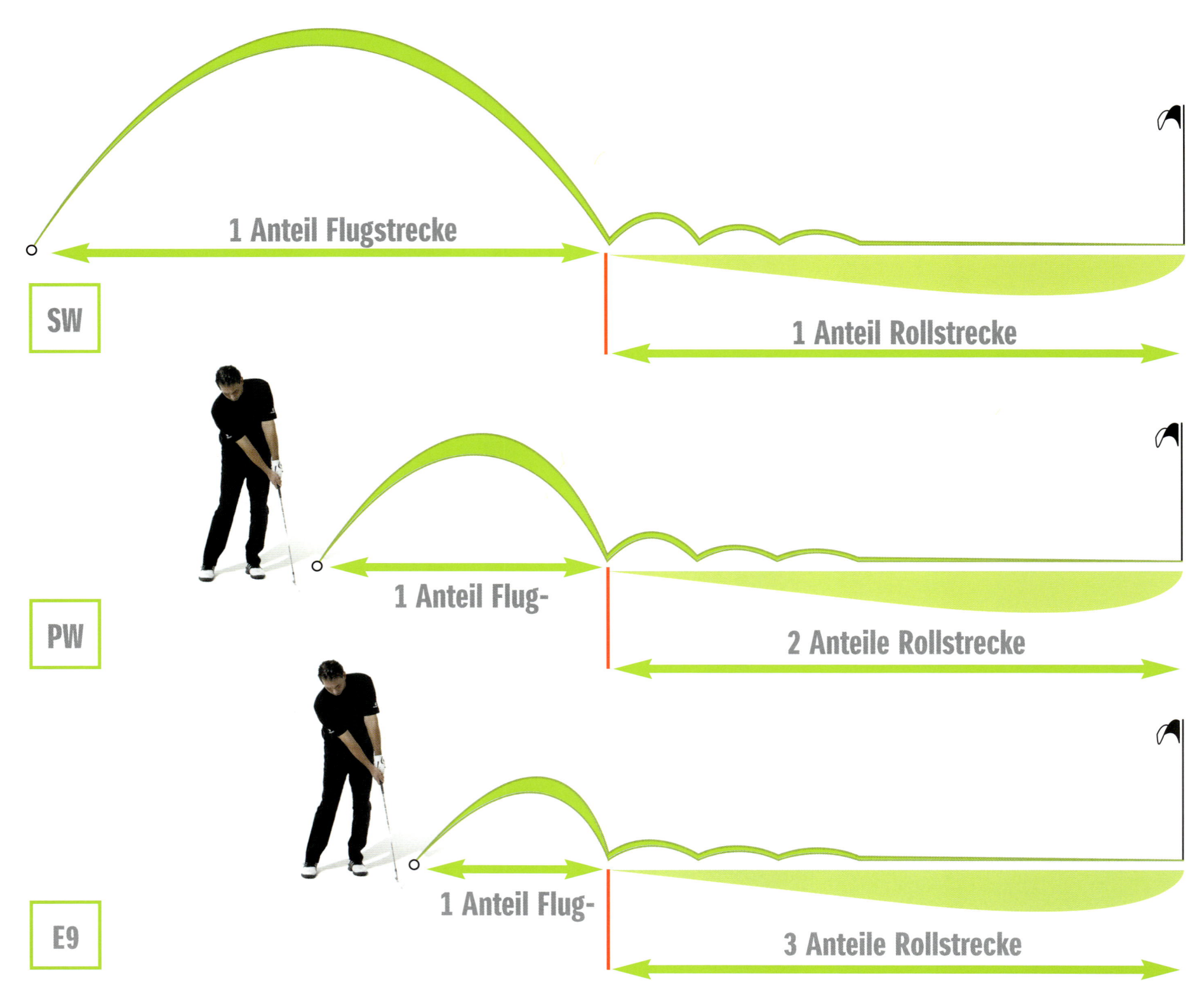

SW
1 Anteil Flugstrecke
1 Anteil Rollstrecke

PW
1 Anteil Flug-
2 Anteile Rollstrecke

E9
1 Anteil Flug-
3 Anteile Rollstrecke

| E8 | 1 Anteil Flug- | 4 Anteile Rollstrecke |

| E7 | 1 Anteil Flug- | 5 Anteile Rollstrecke |

| E6 | 1 Anteil Flug- | 6 Anteile Rollstrecke |

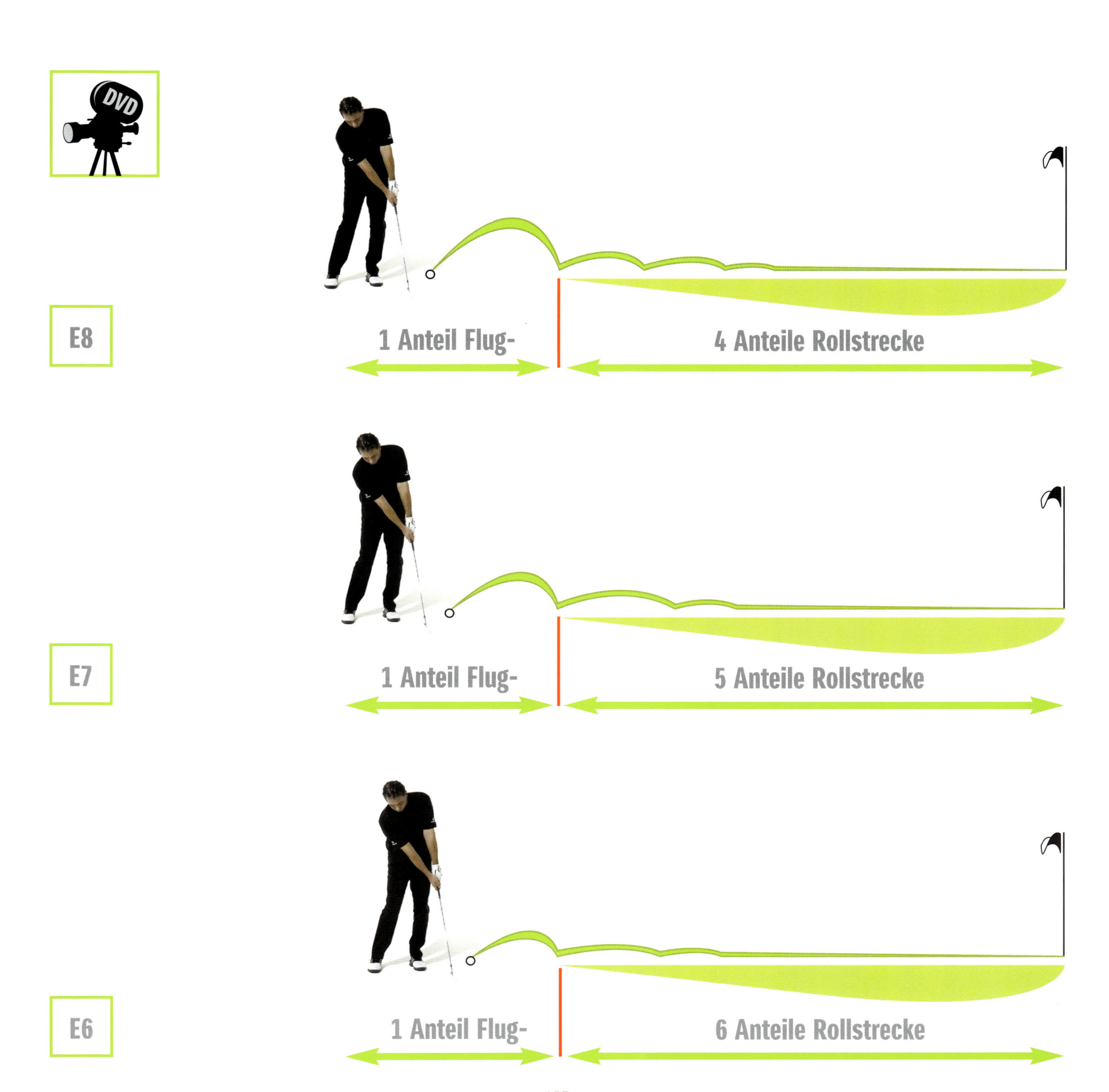

Putten -11.0

Das Putten nimmt ca. 45% der Schläge pro Runde in Anspruch. Der Putt ist also der wichtigste Schlag.

Putten -11.1

Schläge sparen durch besseres Putten.

Über 40 % der Schläge auf einer Golfrunde sind Putts.
Er ist damit der wichtigste Schlag überhaupt.
Beim Putt gibt es zwei wichtige Elemente:

Die Richtung und die Länge.

Beide sollte man durch gezielte Übungen trainieren.

Yeah!
Der Jubel kann sich nur dann einstellen, wenn sich der Ball beim Putt genauso verhält, wie man es wünscht. Das gelingt aber nur dann, wenn Schlagfläche und Schwungkurve richtig eingestellt sind und der Ball geradeaus läuft.

Der Ball muss rollen -11.1

Der Ball muss rollen.

Ab dem Treffmoment hebt sich der Putterkopf vom Boden ab. Er bleibt unter der Schnur stehen. Die Schlagfläche zeigt dabei in Richtung Ziel und macht nach dem Treffmoment erst am Ende der Kurve eine leichte Bewegung nach innen. Wenn der Ball richtig getroffen wird, rollt er um die Ballbeschriftung herum. Ist die Schrift nicht als Kreis zu erkennen und eiert, so ist der Ball nicht ganz square getroffen.

Es ist nur sehr schwer möglich, den Putter ganz gerade zurück und durch den Ball zu führen. Dazu müsste man einen sehr kurzen Putter haben und mit dem Oberkörper fast horizontal über dem Ball stehen. Wenn Spieler an gerade Linien denken, fangen sie an, den Putter nach außen zurückzubewegen und nach innen durch den Ball zu schwingen. Die meisten Spieler (9 von 10) slicen daher beim Putten. Besser ist es, man denkt an eine leicht gebogene Linie im Rückschwung und an eine aufsteigende Bewegung im Durchschwung. Nach dem Treffmoment hebt sich der Putter vom Boden nach oben ab.

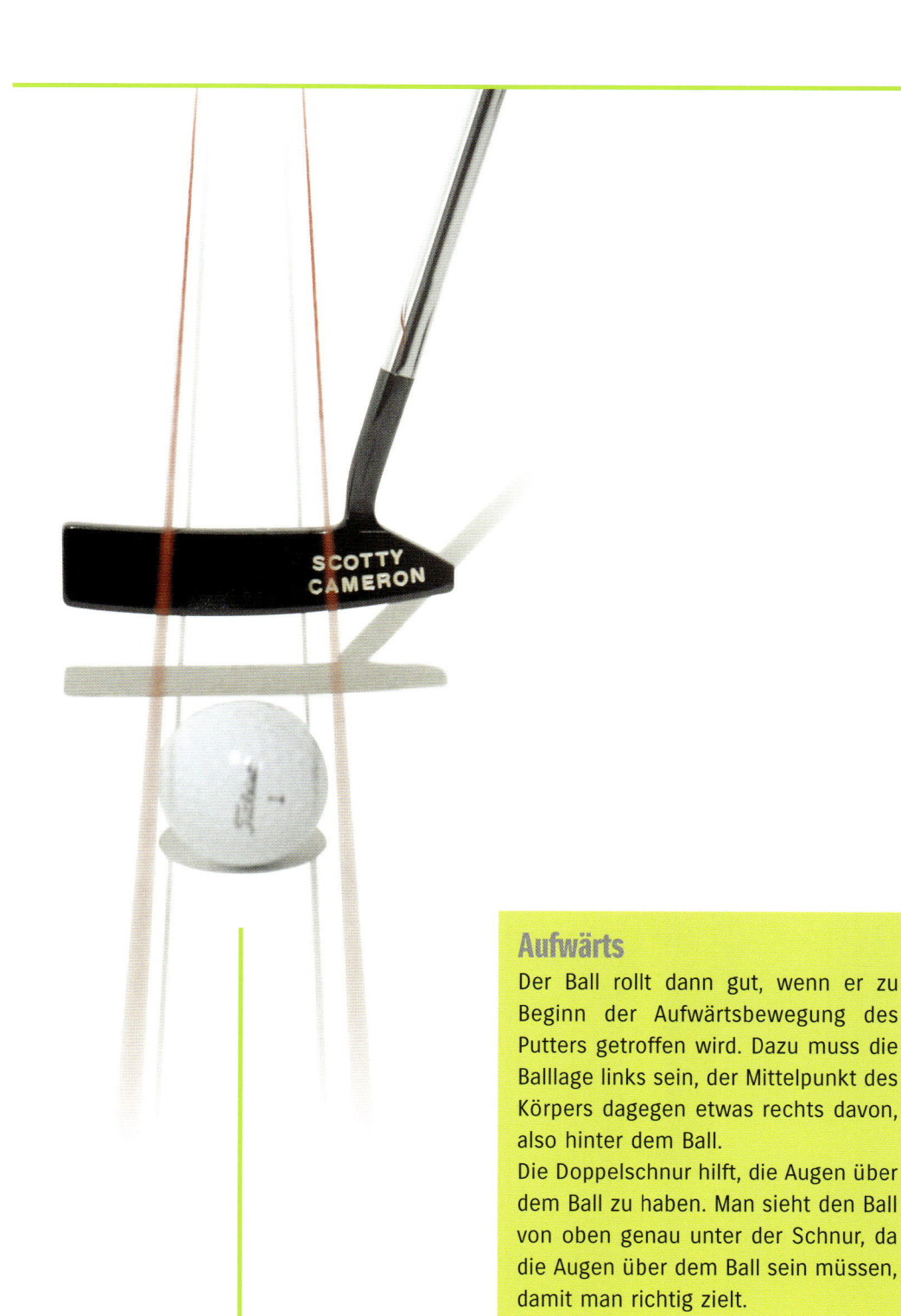

Aufwärts

Der Ball rollt dann gut, wenn er zu Beginn der Aufwärtsbewegung des Putters getroffen wird. Dazu muss die Balllage links sein, der Mittelpunkt des Körpers dagegen etwas rechts davon, also hinter dem Ball.

Die Doppelschnur hilft, die Augen über dem Ball zu haben. Man sieht den Ball von oben genau unter der Schnur, da die Augen über dem Ball sein müssen, damit man richtig zielt.

Setup Putten -11.2

1. In der Ansprechhaltung ist die Balllage links und der Körper etwas dahinter.

2. Der Putter bildet die Verlängerung des linken Armes. Seine Verlängerung läuft durch die Handfläche der linken Hand.

3. Der Schläger liegt in der Handfläche.

Setup des Putters

4. Die Augen sind über dem Ball. Die Hände befinden sich unter den Schultern.

5. Wenn der Ball links liegt, bilden der linke Arm und der Schläger eine Linie.

6. Der Körper steht hinter dem Ball und kann so den Ball zum Rollen bringen.

-11.2

Need to know.
Setup und Balllage sind für einen guten Putt entscheidend.

Mit den Augen über dem Ball -11.2

Wenn die Augen über dem Ball sind, zielen Sie besser.

Wenn die Augen über dem Ball sind, ist es leichter, eine gerade Linie zum Loch zu bilden. Wenn sich die Augen des Spielers nicht über der Ball-Ziellinie befinden, stimmt die Optik nicht, und der Spieler zielt automatisch in die falsche Richtung. Die doppelte Puttschnur ist eines der effektivsten Trainingsmittel, um die Grundlage des Puttens gut und richtig zu verinnerlichen.

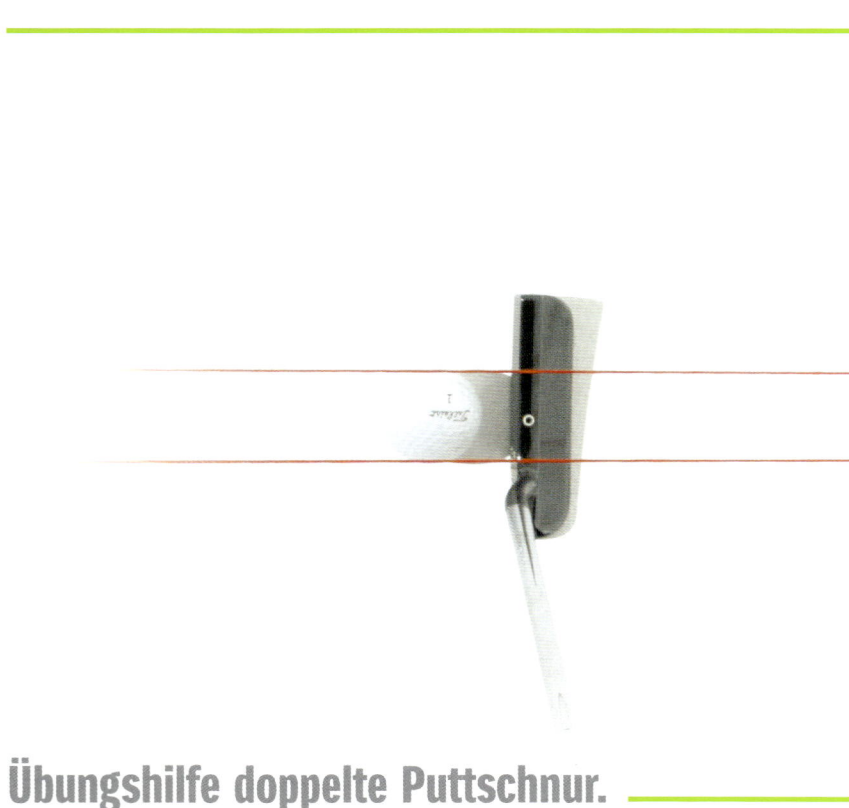

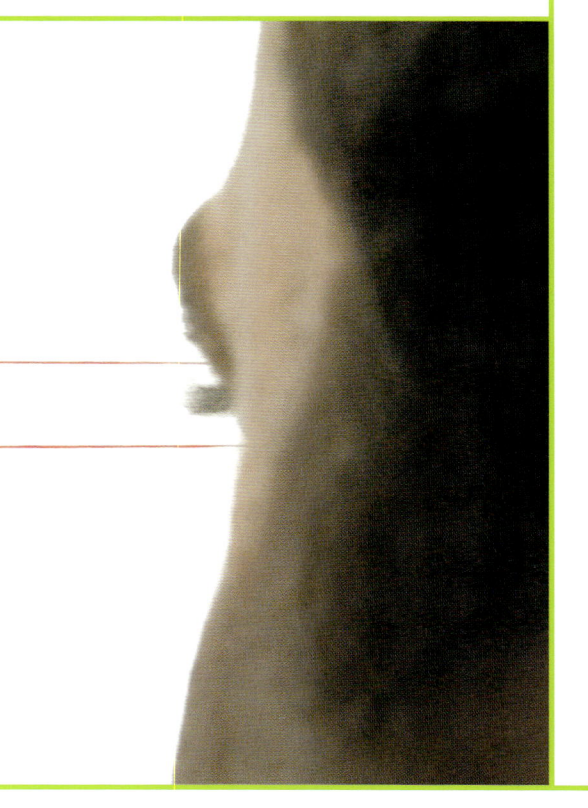

Übungshilfe doppelte Puttschnur.

Putterfitting -11.3

Auch der Putter muss gefittet sein.

Beim Putterfitting achtet man darauf, dass die Augen über dem Ball sind und die Arme unter den Schultern hängen. Mittels des Puttcomputers lässt sich überprüfen, wie gut der Spieler mit einem auf bestimmte Weise eingerichteten Putter spielt. Gegebenenfalls ändert man ein wenig die Werte, die aus der Schaftlänge und dem Lagewinkel bestehen. Prinzipiell kann man den Putter lang und flach, aber auch kurz und steil fitten.

Besonders wichtig ist auch die Optik des Putterkopfes, also welche Art des Hosels der Putter hat. Je nach Hosel kann es zu unterschiedlichen Richtungsempfindungen kommen. Die Hosel gibt es in verschiedenen Arten - sie sind bei einem guten Putterfittingsystem auch austauschbar. Mit dem richtigen Hosel ausgerüstet, empfindet der Spieler die richtige Linie zum Loch als gerade Linie. Mit dem falschen Hosel richtet er den Putter immer neben das Loch aus.

Puttergriff nach Maß.

Lie & Länge des Putters -11.3

Putter und Ausrichtung.

Einen Putter sollte man nicht von der Stange kaufen, denn Putten ist ein Spiel im Spiel, bei dem es auf Präzision ankommt. Der Ball fällt nur dann in das Loch, wenn er in dessen Richtung gespielt wurde. Das sollte aber nicht zufällig geschehen. Eine solide Putttechnik fängt bei den Grundlagen an. Eines der wichtigsten Grundelemente ist die Ausrichtung der Schlagfläche des Putters. Sie muss in die Richtung zeigen, in die der Ball starten soll. Der Spieler muss also in der Lage sein, den Putter in die gewünschte Richtung zu stellen. Leider kann sich das Empfinden für die Richtung, in die man spielt, mit der Beschaffenheit eines Putters verändern. Es kann also gut sein, dass Sie mit einem Putter, der an sich sehr hochwertig ist, nicht richtig zielen können. In einem solchen Fall ist Ihre Putttechnik von vornherein zum Scheitern verurteilt. Man sollte also den Kauf eines Putters nicht dem Zufall überlassen. Ausprobieren auf dem Grün allein hilft nicht. Das Bestimmen Ihrer persönlichen Werte ist überhaupt nicht kompliziert. Der Effekt, den es auf die Leistungsfähigkeit des Spielers hat, ist jedoch sehr groß - kaum zu verstehen, dass er so wenig genutzt wird.

Ist der Putter zu lang, so befinden sich die Augen innerhalb der Ball-Ziellinie.

Ist der Putter zu kurz, so sind die Augen vor dem Ball.

Schaftlänge

Lagewinkel

Sind die Hände zu tief, so sind sie nicht unter der Schulter.

Hat der Putter die richtige Länge, so sind die Hände unter der Schulter und die Augen über dem Ball.

3 Bewegungen des Puttens -11.4

Schultern	Arme	Handgelenke
Die linke Schulter geht im Rückschwung etwas nach unten.	Nur wenn die Arme locker sind, können sie gut schwingen. Oft wird gutes Putten durch Attribute wie kompakt, fest, gerade und unbeweglich beschrieben. Das Gegenteil ist aber genauso richtig.	Die Handgelenke können die Phase des Treffmoments verlängern, indem sie aktiv sind und sich bewegen.
Die Schultern bewegen sich auf und ab. Sie drehen sich nicht in Richtung Ziel.	Die Arme bewegen sich vor dem Körper hin und her. Sie sind nicht fest am Körper.	Die Handgelenke können drei Bewegungen ausführen. 1. fest 2. beugen (Putterkopf wird langsamer) 3. knicken (Putterkopf wird schneller)

-11.4

Good to know.
Lesen Sie das Grün und benutzen Sie die legalen Hilfsmittel wie z.B. die Ballmarkierungen zur Zielausrichtung.

Handgelenke -11.4

Handgelenkseinsatz.

Obwohl es heutzutage modern ist, die Bewegungen beim Putten zu minimieren, so gibt es doch viele Weltklassespieler, wie z.B. Jack Niklaus, die die Handgelenke beim Putten stark eingesetzt haben. Dies ist durchaus erlaubt und sicherlich besser, als die Handgelenke steif und fest zu machen, wenn einem dies eher schwer fällt. Sie können sich für eine von drei Handgelenkstellungen entscheiden.

Probieren Sie es aus: Stellen Sie sich vor eine Wand und stellen Sie den Putter ganz nah davor. Wenn Sie jetzt den Putter vor der Wand auf einer möglichst geraden Linie unter Verwendung der drei Gundbewegungen beim Puttten hin und her bewegen wollen - mit welcher Handgelenkstellung fällt Ihnen das am leichtesten? Mit welcher Stellung bleibt der Putter gleichmäßig nah an der Wand?

Für die Handgelenke gibt es drei Möglichkeiten der Bewegung:
1. Beugen (linke Hand palmar)
2. Abknicken (linke Hand dorsal)
3. Steif lassen (neutral).

Alle drei Formen sind bei den Weltklassespielern zu beobachten.

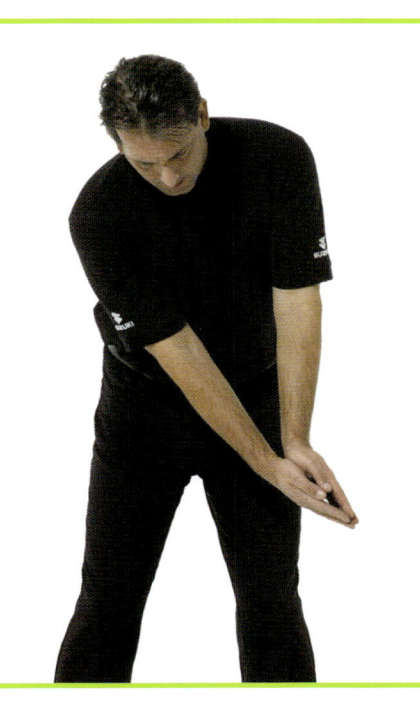

Bewegung der Arme -11.4

Die Arme hängen locker nach unten ausgestreckt.

Wenn Sie die Arme locker nach unten ausgestreckt lassen, lassen sie sich gut hin und her schwingen. Die Arme schwingen so leicht in die Richtung, in die Sie zielen und putten wollen - sie sollten nicht fest am Körper sein, sondern sich bewegen können. Feste Bewegungsbilder sind zwar sinnvoll, da eine reduzierte und kompakte Bewegung beim Putten mehr Kontrolle erlauben sollte. Doch führt dies leicht zu Problemen wie z.B. dem Slicen des Putts.

Rhythmus

Denken Sie an die Geschwindigkeit des Putters, während Sie ihn bewegen, und daran, mit welcher Kraft Sie ihn nach vorne durch den Ball spielen. Wenn Sie an den Durchschwung denken und nicht an den Rückschwung, werden Sie den Putter in der natürlichen Bahn zurückführen. Er wird dann nicht im Rückschwung wackeln oder zittern, was jedoch dann schnell geschieht, wenn man bei der Puttbewegung zu sehr in geraden Linien denkt.

Bewegung der Schulter -11.4

Die Bewegung der Schulter beim Putten.

Die linke Schulter bewegt sich nach oben im Durchschwung. Durch diese Bewegung hebt sich auch der Putterkopf vom Boden in die Luft. Die Schulter darf sich nicht zu früh vom Ziel wegdrehen - damit würde der Putter sich zu früh von der Ziellinie weg nach innen bewegen. Bewegen sich die Schultern, so bewegt sich nämlich auch der Putterkopf.

Dosierung und Gewicht des Putters.

Um das richtige Gefühl für das Einschätzen der Distanzen bei Break-Putts zu entwickeln, muss das Gewicht des Putters zu Ihnen passen. Das Gewicht beeinflusst nämlich stark das Längengefühl. Ist der Putter zu schwer, so ist das Dosieren von Distanzen sehr schwierig. Da die Schwungbewegung beim Putt nicht sehr groß ist, kann sich das Feeling für die richtige Distanz so nur schwer einstellen.

Schwere Putter haben jedoch den Vorteil, dass sie sich nicht so leicht manipulieren lassen. Daher sind sie für Spielertypen mit sehr aktiven Händen geeignet. Der Putter sollte sich durch ausgewogene Eigenschaften auszeichnen und nicht zu leicht und nicht zu schwer sein. Verändert man den Putter, so verbessert sich vielleicht eine Eigenschaft (Richtung), zwangsläufig verschlechtert sich jedoch eine andere (Distanzdosierung).

Puttbewegung -11.4

So führen Sie Ihren Putter.

Die Bewegung des Putters wird durch seine Bauart (Schaftlänge, Lagewinkel) im Verhältnis zu den körperlichen Eigenschaften des Spielers festgelegt (Körpergröße, Länge der Arme). Wenn der Putter zum Spieler passt und der Spieler ihn ohne Manipulation schwingt, so bewegt er sich im Rückschwung nur kurze Zeit gerade, um anschließend in eine leichte Kurve nach innen überzugehen. Er soll auf derselben Bahn zurückkommen und sich ab dem Treffmoment in einer ansteigenden Bewegung nach oben in Richtung Ziel bewegen. Dort kommt er ein Stück über dem Boden zur Ruhe.

Rückschwung

Rückschwung

−11.4

Griff des Putters
Der Puttergriff darf etwas dicker sein. Je dicker der Puttergriff ist, desto mehr drehen sich die Handflächen nach außen.

Loft des Putters
Jeder Putter hat minimalen Loft, der hilft, den Ball zum Rollen zu bringen.

Durchschwung

Treffmoment | Durchschwung

Die 4 Treffmoment-Faktoren $^{-11.5}$

Den Ball in der Mitte der Schlägfläche treffen.

Damit der Ball immer mit der gewünschten Geschwindigkeit von der Schlagfläche losrollt, sollte er immer mit der Mitte der Schlagfläche, dem sogenannten Sweet-Spot, getroffen werden. An den Rändern der Schlagfläche getroffene Bälle verlieren nämlich an Länge. Dies kann bei Break-Putts entscheidend sein: Wenn der Ball langsamer als gewünscht rollt, nimmt er stärker den Break des Gefälles auf dem Grün an, als wenn er schnell rollen würde. Je langsamer der Ball, umso stärker verfehlt er also das Loch.

Schlagflächenstellung.

Die Schlagflächenstellung ist zu 80% für die Richtung des Putts verantwortlich. Sie muss daher im Treffmoment in Richtung des gewünschten Zieles zeigen.

Schwungkurve.

Sie spielt einen geringeren, aber dennoch wichtigen Anteil an der Startrichtung des Balles als die Schlagflächenstellung. Wie im langen Spiel auch, kann die Schwungkurve in Kombination mit der Schlagflächenstellung den Ball zum Hooken oder Slicen bringen.

Eintreffwinkel.

Der Eintreffwinkel legt fest, ob der Ball optimal losrollen kann. Ist er zu steil, so wird der Ball gegen den Boden gedrückt. Ist er hingegen zu flach, so wird der Ball nach dem Treffmoment mit Backspin losfliegen, aufkommen und dann erst vorwärts rollen.

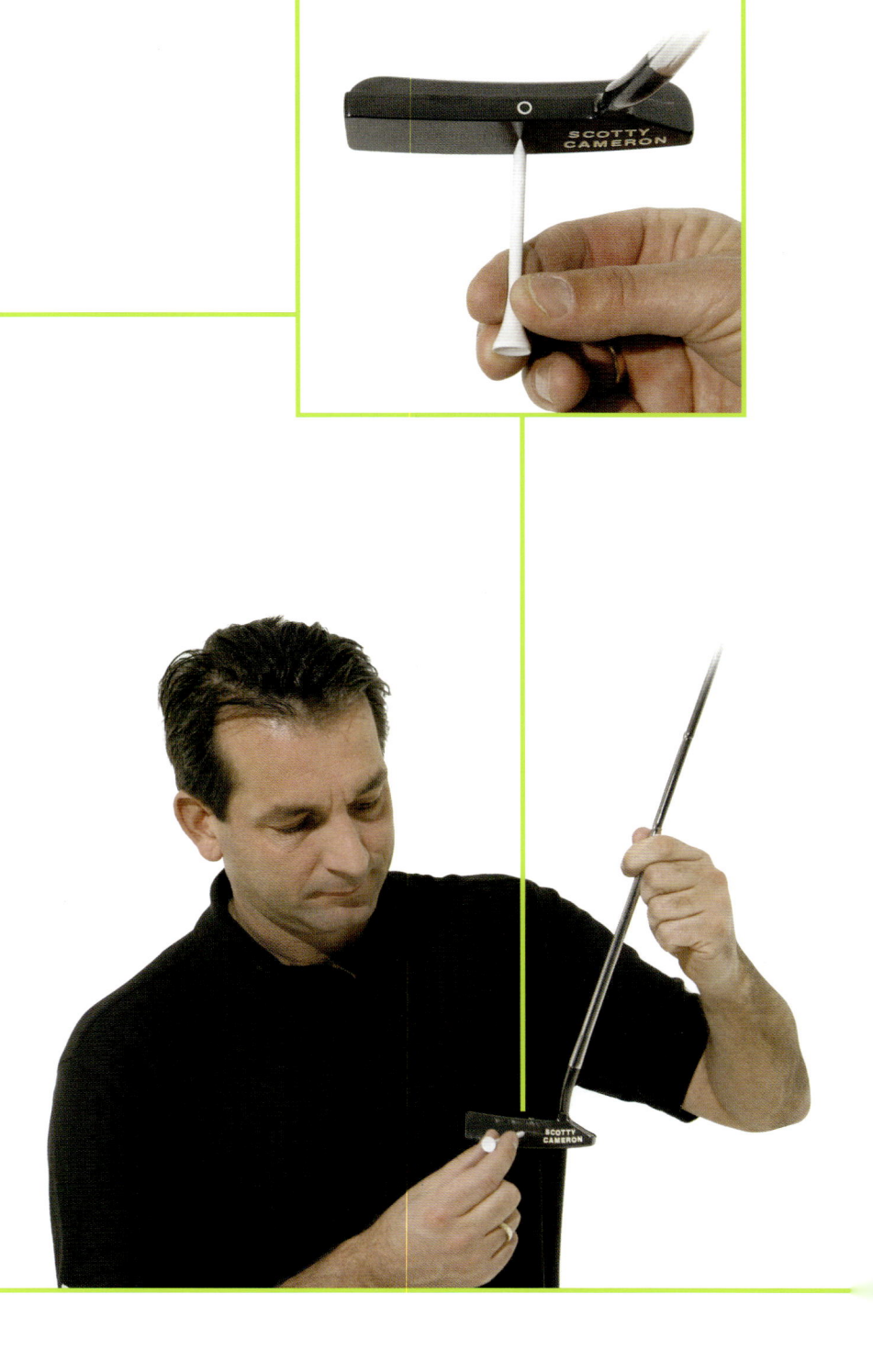

Üben mit System -11.6

Üben der relevanten Faktoren.

Wie lässt sich das Putten am besten üben?
Ein bekannter amerikanischer Kurzspiel-Experte hat einen interessanten Versuch durchgeführt: Er ließ zwei Gruppen das Putten üben, wobei die erste Gruppe lediglich sehr viel puttete, die andere hingegen unter Anleitung die einzelnen Komponenten des Puttens systematisch übte.

Es stellte sich heraus, dass die erste Gruppe in ihrer Leistung stagnierte, die zweite Gruppe sich jedoch verbesserte. Dies zeigt, dass man sein Puttspiel nur mit systematischem Üben der einzelnen Komponenten wirklich verbessern kann.

Ball markieren -11.6

Markierte Bälle erleichtern die Ausrichtung.

Das wichtigste Element beim Putten ist die Ausrichtung der Schlagfläche: Sie muss genau dorthin zeigen, wohin man putten möchte. Wenn man nun den Ball mit einer geraden Linie markiert und ihn in die zu spielende Richtung ausrichtet, so fällt es leicht, den Putter richtig zur Spielrichtung zu stellen. Beim Putten muss man immer bemüht sein, die Schlagfläche in Richtung des Zieles auszurichten.

Doppelte Puttschnur -11.6

Eine gute Übungshilfe.

Die doppelte Puttschnur ist die effektivste Übungshilfe. Mit Hilfe der Puttschnur kann man die Position der Augen über dem Ball kontrollieren, da die Schnur doppelt geführt ist: Die Schlagfläche ausrichten, den Körper parallel zur Ball-Ziellinie stellen und den Weg des Putters kontrollieren.

Breakputt -11.6

Immer gerade Putten.

Auch wenn der Putt letztlich in einer Kurve auf dem Grün rollt: Gespielt werden muss er immer gerade. Die Kurve nimmt er allein durch das Gefälle des Grüns an. Sie müssen sich daher den Zielpunkt suchen, der dem Break des Grüns entspricht. Er markiert die Richtung, in die Sie spielen.

Lineal -11.6

Bewegungskontrolle.

Mit Hilfe eines Lineals können Sie feststellen, wie sich Ihr Putterkopf bewegt. Das Lineal wird im Loch, das sich oben am Puttergriff befindet, befestigt. Es muss genau nach der Schlagfläche ausgerichtet sein.

Durch das Lineal erkennt man, ob man den Schläger schließt oder öffnet. Man lernt mit dem Lineal eine gute Linie zu putten und dabei die Schlagfläche zu kontrollieren.

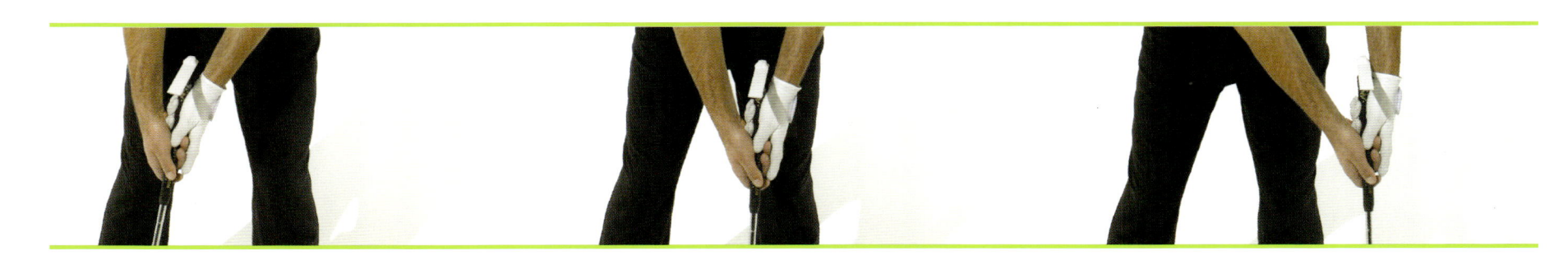

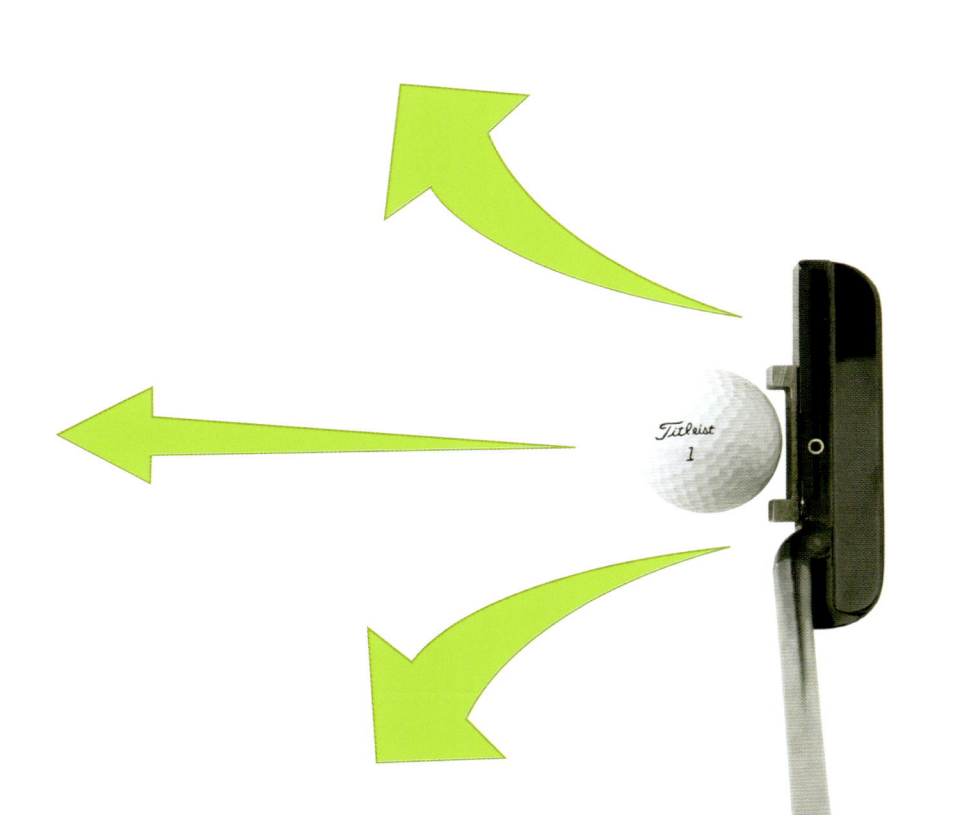

Clips -11.6

Präzision im Treffmoment.

Um das präzise Putten mit der Mitte der Schlagfläche zu üben, kann man Putterclips zu Hilfe nehmen. Wenn der Ball nicht zwischen den beiden Balken getroffen wird, verspringt er. So bekommt der Spieler immer eine Rückmeldung, ob der Ball in der Mitte der Schlagfläche getroffen wurde oder nicht

Sicherheitszone -11.7

Absichern von Breakputts.

Wenn Sie sich bei einem Breakputt in der Distanz etwas verschätzen, macht es einen großen Unterschied, in welche Richtung Sie den Ball gespielt haben. Putten Sie zu sehr in Richtung des Loches, wird der Ball unterhalb des Loches vorbeilaufen und sich weiter vom Loch entfernen. Putten Sie das Loch hingegen von weit oberhalb an, so rollen zu fest geputtete Bälle hinter das Loch. Sie rollen nicht so weit weg wie die Bälle, die das Loch unterhalb passieren. Wenn Sie die Bälle am Loch zur Ruhe kommen lassen möchten, sollten Sie daher auf ein Ziel oberhalb des Loches zielen. Sie werden zwar den Putt nicht lochen, dafür liegt er aber sicher nah am Loch.

Ballroller

Mit dem Ballroller kann man die Geschwindigkeit exakt wiederholen. Wenn man Serien von Bällen mit verschiedenen Geschwindigkeiten in Richtung Loch rollen lässt, merkt man sehr gut, in welche Richtung man zielen muss, damit die Bälle bei einem Breakputt anschließend möglichst nah am Loch liegen bleiben.

-11.7

Good to know.

Die Endstellung sollte nach dem Schlag für einen kurzen Moment beibehalten werden.

Schwierige Lagen -12.0

Schwierige Lagen bleiben bei fast keiner Runde aus. Hierzu die besten Tipps & Tricks.

Rough -12.1

Schlägerwahl.

Im Rough sollte der Schläger immer so gewählt sein, dass man sicher aus dem Rough herauskommt. Dabei ist es nicht wichtig, ob man einen besonders weiten oder schönen Schlag macht. Je dicker das Gras ist, desto mehr Loft sollte der Schläger haben: So eignen sich besonders Eisen 9, Pitching-Wedge und Sand-Wedge. Das Lob-Wedge sollte man im Rough nicht verwenden: Dieser Schläger rutscht im weichen Gras unter dem Ball hindurch.

Ballflug.

Rechnen Sie im tieferen Rough mit einem Ballflug nach links.

Grundsätzliches.

Das dicke Gras bremst den Schlägerkopf stark ab. Oft passiert das leider schon, bevor der Ball überhaupt getroffen wurde. Daher ist es wichtig, durch die eigene Bewegung dafür zu sorgen, dass der Schlägerkopf auch wirklich durch den Ball geht. Dies lässt sich erreichen, indem man stark die Beine einsetzt. Hierdurch beschleunigt der Schläger. Wenn Sie von oben steil in Richtung des Balles schlagen, ist weniger Gras im Weg, als wenn Sie in einer flachen Kurve schwingen. Ein steiler Schwung hilft also, doch darf der Schläger hierbei nicht im Gras steckenbleiben.

Ausführung.

In der klassischen Durchführung legen Sie den Ball etwas mehr nach rechts in den Stand und schwingen von oben steil in das Gras. Ein kräftiger Einsatz der Beinmuskulatur hilft Ihnen, durch das Gras hindurch zu schwingen. Wenn der Schläger mit dem Gras in Berührung kommt, schließt er sich und lässt den Ball nach links fliegen. Dies muss man berücksichtigen und den Schläger etwas offen (rechtsverkantet) lassen.

-12.1

Need to know.

**Im Treffmoment im Rough schließt sich das Schlägerblatt.
Bedenken Sie dies und öffnen Sie das Schlägerblatt vorsorglich etwas.**

Bergab -12.2

Körperstellung.

Nehmen Sie den rechten Fuß zurück,
um die Hanglage auszugleichen.
Neigen Sie den Körper leicht in das Tal.
Die Balllage bleibt in der Mitte des Standes

Schlag und Endposition.

Das Gewicht folgt während des Schlages
dem Hang nach unten.

Ballflug und Schlägerwahl.

Bergab fliegt der Ball flacher als normal. Deshalb sollte man einen Schläger mit deutlich mehr Loft nehmen (z.B. ein Eisen 7 für ein Eisen 5).

Need to know.

In der Bergablage fliegt der Ball flach und rollt weiter aus.

Bergauf -12.2

Geradeaus den Berg hinauf.

Der Ballflug wird bei diesem Schlag höher sein als normal, deshalb kann man einen Schläger mit weniger Loft wählen. Nehmen Sie den linken Fuß etwas zurück, so begradigen sie die Hüfte. Dies hilft Ihnen bei der Gewichtsverlagerung. Neigen Sie Ihren Oberkörper mit dem Hang ins Tal, um die Neigung auszugleichen. Der Ball liegt für diesen Schlag in der Mitte des Standes. Nun können Sie den Schlag normal ausführen. Die Hanglage ist durch den Stand neutralisiert. Das Gewicht verlagert sich im Durchschwung nicht vollständig auf das vordere Bein

Ballflug.

Bergauf fliegt der Ball höher als normal, deshalb müssen Sie ein Eisen mit weniger Loft (z.B. ein Eisen 6 anstelle eines Eisen 8) wählen.

Balllage.

Der Ball liegt in der Mitte des Standes. Im Durchschwung verlagert sich nicht das ganze Gewicht auf das linke Bein, da durch den ansteigenden Hang viel Gewicht auf dem rechten Bein bleibt.

Need to know.

In der Bergauflage fliegt der Ball höher und verliert an Distanz.

Über dem Ball -12.2

In den Knien bleiben.
Während des Schlages sollten Sie tief in den Knien bleiben und lieber eine kleinere Bewegung machen,
sonst toppen Sie den Ball oder treffen ihn gar nicht erst. Insgesamt sollte hieraus ein kleinerer, reduzierter Golfschwung entstehen.

Steil schwingen.
Um den Ball besser zu treffen, eignet sich eine steilere Schwungkurve. Lassen Sie während des Schwunges die Arme vor dem Körper.

Ballflug.
Der Ball wird mit einer Kurve von links nach recht fliegen, deshalb müssen Sie sich etwas nach links ausrichten.

Balllage.
Die Balllage ist etwas links im Stand.

Unter dem Ball -12.2

Kürzer greifen.

Weil man näher am Ball steht, sollte man den Schläger kürzer greifen, um nicht zu viel Boden zu treffen. Während des Schwungs das Gewicht auf den Hacken lassen.

Gewicht auf den Hacken.

Der Oberkörper steht eher aufrecht.
Die Knie sind etwas mehr in den Hang gebeugt.

Ballflug.

Der Ball wird mit einer Kurve von rechts nach links fliegen, deshalb müssen Sie sich ein wenig nach rechts ausrichten.

Balllage.

Die Balllage ist etwas rechts im Stand.

Flacher Schwingen.

Um den Hang ausgleichen, sollten Sie etwas flacher schwingen.

Flach aus dem Wald -12.3

Flach aus dem Wald mit steilem Eintreffwinkel.

Sie können den Ball mehr nach rechts in den Stand legen, so dass sich der Eintreffwinkel erhöht. Schwingen Sie steil von oben in Richtung Ball. Strecken Sie während des Schlages die Arme nach vorne in Richtung Boden. So bekommt der Ball sehr viel Spin und wird relativ schnell auf dem Grün bremsen. Das Divot ist hierbei sehr groß.

flach spielen

-12.3

Flach aus dem Wald mit steilem Eintreffwinkel

Überlegen Sie vor dem Schlag, wie hoch der Ball fliegen darf und wählen Sie danach den Schläger aus.

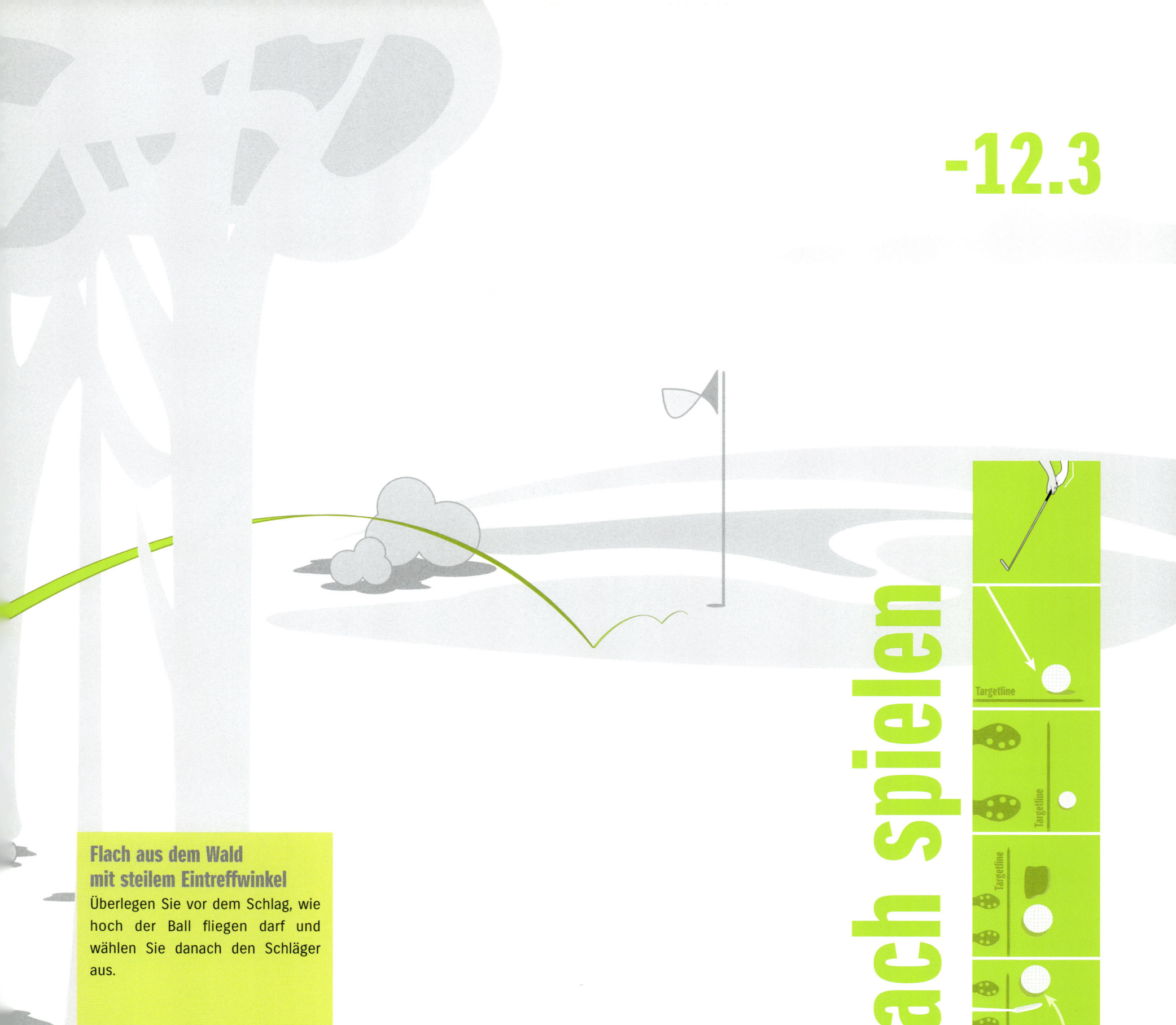

Hindernisse umspielen -12.4

Rechts um das Hindernis.

Richten Sie sich etwas nach rechts aus. Schließen Sie die Schlagfläche (nach links verkanten) und schwingen Sie von innen nach außen. Versuchen Sie, die rechte Seite des Balles zu treffen. Der Ball wird in einer flachen Flugkurve von rechts nach links fliegen.

Linkskurve

Draw und Hook
Diese Schläge werden nicht durch Überrollen der Arme erzeugt. Eine frühe Rotation der Arme bringt den Schläger immer auf eine steile Schwungebene. Diese kann man für diesen gewünschten Ballflug nicht gebrauchen.

-12.4

Links um das Hindernis.

Richten Sie sich etwas nach links aus. Öffnen Sie die Schlagfläche etwas. Schwingen Sie steil vor dem Körper von außen nach innen und versuchen Sie den Ball an der linken Seite zu treffen. Der Ball bekommt einen Drall und fliegt mit einem Fade von links nach rechts.

Fade und Slice
Für diesen Schlag sollte man das Schlägerblatt nicht zu weit öffnen, da sonst der Druck am Ball fehlt.

Rechtskurve

Über Hindernisse spielen -12.5

Der Lobshot.

Das Schlägerblatt weit nach rechts verkanten und den Körper ein bischen nach links ausrichten. Der Körperschwerpunkt wird etwas nach rechts geneigt. Die Balllage sollte weiter links im Stand liegen. Die Arme schwingen vor dem Körper und die Handgelenke winkeln locker ab. Im Treffmoment rutscht der Schläger unter dem Ball durch. Nach dem Kontakt mit dem Ball bleibt die Schlagfläche geöffnet, der linke Handrücken zeigt dann nach oben.

Hoch über das Hindernis

Überlegen Sie vor dem Schlag, wie hoch der Ball wirklich fliegen muss. Entscheiden Sie sich dazu, ihn nicht höher als notwendig fliegen zu lassen und wählen Sie danach den Schläger mit einer kleinen Sicherheitsreserve aus.

Über Wasser spielen -12.6

Denken Sie sich das Wasser weg!

Machen Sie einen normalen Schlag. Schlagen Sie in Richtung des Bodens. So entsteht ein Eintreffwinkel, der den Ball in die Luft fliegen lässt. Viele Leute wollen den Ball über das Wasser heben. Dabei bleibt der Körperschwerpunkt zu weit hinter dem Ball, und die Bälle werden oft dünn getroffen.

steil treffen

Schlechtes Wetter -13.0

Mit der richtigen Ausrüstung und einer positiven Einstellung werden Sie auch Schlechtwettertage meistern.

Gegen den Wind -13.1

Wählen Sie einen längeren Schläger.

Müssen Sie gegen den Wind spielen, so sollten Sie ein um 1 bis 2 Stärken längeren Schläger wählen. Auf keinen Fall sollten Sie versuchen, den Schläger, den Sie bei Windstille wählen würden, mit mehr Kraft zu spielen. Der Schlag würde hierdurch nicht nur kürzer, sondern auch ungenau. Seien Sie mit den Händen locker in der Ansprechhaltung und im Treffmoment mit den Händen weit vor dem Ball.

flach spielen

Seitlicher Wind -13.2

Spielen Sie mit dem Wind.

Der Wind hat einen starken Einfluss auf den Ballflug. Er beeinflusst sowohl die Ballflughöhe als auch die Richtung des Ballfluges. Kämpfen Sie nicht gegen den Wind, nehmen Sie ihn vielmehr in Ihren Dienst. Wenn Sie Wind von der Seite haben, so spielen Sie den Ball entsprechend auch nach dieser Seite. Der Wind wird ihn letztlich ins gewünschte Ziel tragen.

Der Wind trägt Sie ins Ziel!

Da der Wind an den Küstenplätzen Schottlands in der Regel sehr stark ist, stammt von dort auch der Begriff des "schottischen" Spiels. Damit ist gemeint, dass man auf solch windigen Plätzen den Ball in der Regel flacher spielt. Flache Bälle werden nämlich nicht so stark wie hohe Bälle vom Wind erfasst - sie sind besser zu kontrollieren. So lässt man den Ball in Schottland oft mit flachen Schlägen auf den harten, ausgetrockneten Böden auf das Grün laufen. Auf den Inseln haben die Golfspieler daher auch etwas andere Golfschwünge. Oft haben sie geschlossenere Schlagflächen, was das flache Spielen erleichtert.

nachdenken!

Spiel im Regen -13.3

Achten Sie bei Regen auf folgende Punkte:

Distanzverlust.
Der Regen bremst den Ball. Sie müssen daher einen längeren Schläger nehmen. Wenn man einen Regenanzug trägt, kann das die Beweglichkeit einschränken und vielleicht etwas Länge kosten.

Mittel gegen rutschige Griffe.
Nehmen Sie mehrere Handtücher mit auf die Runde. Verpacken Sie diese in Plastiktüten, damit Sie die nassen Handtücher auswechseln können. So kann man die Griffe trocken halten.

Eingebohrte Bälle: Droppen oder nicht?
Ist Ihr Ball in seinem eigenen Loch eingebohrt, so dürfen Sie ihn droppen. Regel 25.2: "Ein im Gelände auf irgendeiner kurz gemähten Fläche in sein eigenes Einschlagloch im Boden eingebetteter Ball darf aufgenommen, gereinigt und straflos so nah wie möglich der Stelle, an der er lag, jedoch nicht näher zum Loch, fallengelassen werden."

Der Ball ist unspielbar.
Sie finden Ihren Ball in einer sehr schlechten Lage. Sie können den Ball jederzeit für unspielbar erklären und dorthin zurückgehen, von wo aus Sie ihn zuvor geschlagen hatten. Dies kostet Sie aber einen Strafschlag sowie den neuen Schlag.

Gutes Golf bei Regen.
Versuchen Sie so lange wie möglich, sich selbst und auch Ihr Material trocken zu halten. Geben Sie sich keinen negativen Emotionen oder dem Ärger über den Regen hin. 'Durchhalten' ist die Parole, Aufgabe ist gegen die Etikette.

Motivation.
An Regentagen wird im Verhältnis schlechter gespielt als bei schönem Wetter: Mit einer durchschnittlichen Leistung können Sie sich schon als Sieger fühlen!

-13.3

Need to know.

Mit guter Regenkleidung und der entsprechenden Ausrüstung und Aufklärung gibt es keinen Grund sich der Herausforderung nicht zu stellen. Take it as it is!

Taktik -14.0

Eine Ihrem Spiel angepasste Taktik ermöglicht es Ihnen, bessere Ergebnisse zu erzielen.

Taktik Par 5 $^{-14.1}$

Easy Par. Erst denken, dann spielen.

Überlegen Sie als erstes an jedem Abschlag, ob Sie bei realistischer Einschätzung Ihrer Schlaglänge die Bahn mit der Absicht "Par, Bogey oder Doppelbogey" angehen sollten, und planen Sie danach Ihre Taktik.

Nehmen Sie einen Schläger, mit dem die Landezone besonders groß wird oder wo die Ausgrenzen vielleicht noch nicht ins Spiel kommen. Weniger ist manchmal mehr. Der Drive muss nicht immer maximal weit sein. Profis schlagen an Par 5 Löchern in der Regel den Driver, da das Ziel ist, Eagle oder Birdie zu spielen.

-14.1

Spielen Sie möglichst in eine Landezone, die keine Schräglagen hat. Denken Sie schon mal einen Schlag voraus, damit Sie beim darauffolgenden Schlag keine Probleme bekommen. Bauen Sie sich auch etwas Sicherheitsreserve für Ihre Schlaglänge ein: Wo wird der Ball landen, wenn er nicht perfekt getroffen wird? Ihre Entscheidung sollte eher eine vorsichtige sein, die Durchführung des Schlages jedoch mutig erfolgen und ohne Zögern.

Auf diesem Loch würde nur ein überdurchschnittlich langer Drive den Schlag in das Grün ermöglichen. Ein verhaltener Drive hingegen könnte im Fairwaybunker landen. Deshalb ist es besser, noch kürzer zu bleiben, da dort die größte und sicherste Landezone ist. Von dort aus lässt sich die Zone für den Schlag ins Grün sehr gut anspielen. Wenn Sie eine Kurve in Ihrem Schlag haben, sollten Sie diese mit einberechnen. Slicen Sie, so sollten Sie sich mehr zur linken Fairwayhälfte ausrichten. Spielen Sie immer von der gefährlicheren Seite weg.

Tralee Golflinks, Ireland.
18 th Hole, "The Goats Hole"

Taktik Par 4 -14.2

Easy Bogey. Im Zweifel auf Sicherheit spielen.

Bei diesem Loch ist der Abschlag so schwierig, dass man es von vornherein als ein Par 5 planen sollte. Mit einem kurzen Abschlag hat man die größte Drivezone und die größte Wahrscheinlichkeit, einen unbehinderten Schlag in Richtung Grün zu machen. Durch einen guten kurzen Annäherungsschlag lässt sich dann immer noch ein Par spielen.

Wählt man die risikoreichere Variante des langen Drives, ist die Landezone sehr klein und die Wahrscheinlichkeit sehr hoch, aus dem tiefen Gras den Ball in Richtung Grün spielen zu müssen. Dies wäre in jedem Fall schwierig. Links neben dem Grün ist die Ausgrenze, und mit etwas Gras zwischen dem Schläger und dem Ball - was in einer solchen Situation schnell passieren kann - fliegt der Ball leicht in das Aus. Vielleicht bleibt der Schläger auch im dicken Gras stecken.

-14.2

Tralee Golflinks, Ireland.
8 th Hole, "The Creek"

Taktik Par 3 $^{-14.3}$

Wie ist das Grün durch die Bunker verteidigt?

Wenn man sich fragt, ob es möglich ist, die Fahne auf dem Grün eines Par 3 anzugreifen, sollte man mehrere Dinge berücksichtigen: z.B. welche Bodenverhältnisse sich hinter dem Grün befinden (z.B. Ausgrenze, Abhang oder Bunker). Außerdem, wo die Fahne steht und welchen Abstand sie von den Bunkern hat. Und nicht zuletzt, welche Neigung das Grün hat und wie lang es ist. Auch die Form der Bunker kann Ihre Entscheidung beeinflussen. Handelt es sich um symmetrische Grünbunker mit weit nach vorn und nach hinten gezogenen Kanten, so ist es besser, den Ball etwas kürzer vor das Grün zu spielen und mit einem kurzen Chip das Par zu sichern.

Sind die Grünbunker unsymmetrisch, spielt man besser den freien Teil des Vorgrüns an. Sind die Grünbunker vorwiegend vorne gelegen, so wählen Sie ein längeres Eisen, um diese Bunker auf jeden Fall zu überwinden.
Hat das Grün nur einen Bunker, so spielen Sie mehr auf den freien Teil. Ist ein Bunker besonders tief und schwierig zu spielen, so nehmen Sie lieber in Kauf, in einem der anderen Bunker zu landen.
Spieler mit größerer Schlaglänge haben Vorteile für das Spielen von Par 3 Löchern. Sie können die Bälle mit kürzeren Eisen, die höher fliegen und mehr Backspin, in das Grün spielen.

-14.3

Waterville Golflinks, Ireland.

4 th Hole, "Dunes"

Psychologie -15.0

Performen unter Druck. Funktionieren, wenn es darauf ankommt.

Psychologie: Abschlag -15.1

Es gibt keine vorsichtigen Schläge, nur vorsichtige Entscheidungen.

Trennen Sie den Entscheidungsprozess von der Ausführung des Schlages. In dem Augenblick, wo das Schwungprogramm aus Ihrem Unterbewusstsein abgerufen wird, dürfen Sie nicht mehr denken oder gar an Ihrer Entscheidung zweifeln. Jeder andere Gedanke würde den Ablauf stören.

Wenn Ihnen noch zu viele Gedanken in den Kopf kommen, ist der Entscheidungsprozess noch nicht abgeschlossen. Zweifeln Sie beim Ansprechen des Balles, so sollten Sie wieder vom Ball zurücktreten. Verdrängen Sie Zweifel durch positive Gedanken.

Psychologie: Kurze Putts -15.2

Sie wollen kurze Putts lochen?

Frühere negative Erlebnisse und Empfindungen können den Putt stören. Um sich davor zu schützen, muss man sich klar machen, dass mit Beginn der Ansprechroutine nur noch die Konzentration auf die technische Durchführung des Putts wichtig ist. Zweifeln Sie nicht an sich. Alle anderen Dinge können nur schädlichen Einfluss haben. Es geht um den emotionsfreien Ablauf, die Durchführung der durch langes Training einstudierten Puttbewegung.

Nicht Sie selber spielen, sondern Sie lassen spielen. Es passiert wie von allein. Dazu ist eine optimistische Grundhaltung wichtig. Sie geht von einem positiven Ausgang aller zukünftigen Handlungen und Ereignisse aus. Dieses positive Denken wird Ihnen helfen, missglückte Putts zu überwinden und in Zukunft auszublenden. Sie werden jedesmal wieder an das erfolgreiche Einlochen des Balles glauben. Formen Sie sich kleine Zaubersprüche wie z.B.

"Ich sehe die Linie genau."
"Das Loch ist wirklich groß."
"Mein Putter spürt die Distanz."
"Den mach ich jetzt …"

Üben Sie die Formel im Training, damit Sie für den Wettkampf verinnerlicht ist. Ihre persönliche Autosuggestionsformel wird Ihnen helfen, wenn es darauf ankommt.

Ansprechroutine -15.3

Wahrnehmungsphase.

Als erstes schau ich mir an, wie die Bedingungen sind: Wind, Richtung, Distanz, Graslänge, Lage des Balles, etc.

Ich überlege mir, welcher Schläger genommen werden muss.

Entscheidungsphase.

Ich habe mich mit der Situation vertraut gemacht und weiß, wie weit das Ziel entfernt ist, wie der Wind weht etc. Ich habe die Schlägerwahl getroffen, stehe hinter dem Ball und visualisiere die Flugbahn des Balles. Die Entscheidungen für den Schlag sind getroffen.
Ich stelle mir vor, wie der Schlag sich anfühlen soll, wie der Ball perfekt fliegen wird.

Automatische Ablaufphase.

Ich habe ein Zwischenziel im Blick und richte den Schlägerkopf dorthin aus.
Dabei steht der rechte Fuß näher am Ball als der linke. Die rechte Hand hält den Schläger. So ist die rechte Schulter tiefer als die linke Schulter. Dieselbe Schulterstellung habe ich, wenn die Ansprechhaltung abgeschlossen ist.

-15.3

Hit it Susi ...

Automatische Ablaufphase.

Ein letzter Blick zum Ziel, bevor der Schläger zurückschwingt. Jetzt bin ich zuversichtlich. Ich richte meine Aufmerksamkeit auf mein Körpergefühl.
Ich befreie mich durch Ausatmen von jeglichen Körperspannungen und beginne den Schwung.

Automatische Ablaufphase.

Ich spüre bereits, wie der Schlag sich anfühlen wird. Über die Wirbelsäule ist der Körper in der Lage, bei der geringsten Abweichung von der Schwungkurve eine schnelle, unbewusste und reflexartige Gegenbewegung einzuleiten.

Reflexionsphase.

Nach dem Schlag erfahre ich das Schlaggefühl. Stimmt es mit meinem programmierten Bewegungssatz vor dem Schlag überein?
So bleibt der Lernprozess in Gang.

Spielformen -16.0

Eine Auslese der wichtigsten Regeln und Grundinformationen zum Thema Golf für ein harmonisches Klima auf dem Platz. Danke.

Handicap -16.1

Wie errechnet sich das Handicap?

Das Handicap stellt die Zahl der Schläge dar, um die der Spieler das Par des Platzes überziehen darf. Meistens wird das Handicap nach Stableford ermittelt.

Lochwettspiel -16.2

Loch verloren? Kein Problem! Weiter gehts ...

Dies ist ein Loch-für-Loch-Wettbewerb für zwei Spieler oder zwei Teams. Jedes Loch wird entweder gewonnen, verloren oder geteilt (halbiert). Sieger beim Lochspiel ist die Person oder das Team mit den meisten gewonnen Löchern.

Zählwettspiel -16.3

Netto.

Während beim Zählspiel ein schlechtes Loch das Ergebnis ruinieren kann, werden nach Stableford Punkte für das Loch vergeben. Am Ende werden die Punkte zusammengezählt. Mit 36 Punkten hat man sein Handicap gespielt.

Heutzutage wird durch das Slopesystem auch die Schwierigkeit des Platzes einbezogen. Ihr Handicap (Stammvorgabe) des Heimatplatzes wird dann mit Hilfe einer Tabelle auf den Schwierigkeitsgrad eines anderen Platzes umgerechnet

Brutto.

Im Zählspiel wird die Gesamtzahl der benötigten Schläge notiert. Ein Bruttoergebnis kann auch nach Stabelford ermittelt werden.

Beispiele: Spielarten -16.4

Chapman-Vierer.

Beide Spieler spielen ihren Ball ab. Danach spielt jeder den Ball des anderen weiter, um anschließend einen der beiden Bälle auszuwählen, mit dem das Loch abwechselnd zu Ende gespielt wird.

Klassischer Vierer.

Hier müssen die Partner während der Runde abwechselnd von den Abschlägen abschlagen und beim Spielen jedes Loches abwechselnd schlagen. Strafschläge berühren die Spielfolge nicht.

Florida-Scramble.

Alle Spieler des Teams spielen vom Abschlag und wählen anschließend den besten Ball des Flights aus, um von diesem Punkt weiterzuspielen. Der Spieler, der den besten Ball geschlagen hatte, muss für den nächsten Schlag aussetzen, alle anderen dürfen weiterspielen. Auf diese Weise werden alle Schläge der Runde gespielt.

Vierball-Zählspiel.

Im Vierball-Zählspiel spielen zwei Spieler als Partner je ihren eigenen Ball. Der Score, der für das Loch eingetragen wird, ist die niedrigere Schlagzahl. Spielt einer der beiden Partner das Loch nicht zu Ende, so ist das straflos.

Wettspiel nach Stableford.

Im Stableford-Wettspiel wird nach Punkten gerechnet, die im Verhältnis zum Par (bzw. Netto-Par) an jedem Loch erzielt wurden. Für das persönliche Par gibt es zwei Punkte, für Eins über Par einen Punkt usw. Für Eins unter Par gibt es drei Punkte. Hat der Spieler ein schlechtes Loch gespielt, so kann er auf der Scorekarte einen Strich an dem betreffenden Loch notieren. Hat er mehr als sieben Schläge gespielt, kann er zur Beschleunigung des Spiels den Ball aufnehmen, da er keine Punkte mehr erzielen kann.

Medal.

Das klassische Zählspiel. Jeder Schlag zählt. Es gibt keine Striche auf der Scorekarte wie beim Stableford.

Etikette & Regeln -17.0

Die Etikette und die Regeln sind das Fundament dieses wunderbaren Sports. Sie zu erlernen und zu respektieren ist Pflicht.

Golf – Spiel der Ehre [17.1]

Schiedsrichter.

In der Regel gibt es bei Golfturnieren eine Wettspielleitung, mit deren Hilfe sich Unklarheiten klären lassen, so z.B. wenn aus Versehen ein zweiter Ball als Regelball gespielt wurde und im Flight Uneinigkeit darüber herrscht, was das Regelbuch in einem solchen Fall vorsieht. Der Wettspielleitung ist es darüber hinaus vorbehalten, Spieler in Extremfällen zu disqualifizieren. Im Flight selbst gibt es jedoch keinen Schiedsrichter. Die Spieler müssen also selber dafür sorgen, dass die Regeln eingehalten werden. Da niemand außerhalb des Flights dies überwacht, gebietet es die Golferehre, nach ehrlichem Spiel mit dem richtigen Ergebnis auf der Scorekarte in das Clubhaus zurückzukommen.

Dieses wird in der Golfregel 1-3 deutlich ausgedrückt:
"Übereinkunft über Nichtanwendung von Regeln. Spieler dürfen nicht übereinkommen, irgendeine Regel nicht anzuwenden oder irgendeine Strafe außer Acht zu lassen."
Sollte sich z.B. Ihr Ball im Gebüsch durch Ihr Verschulden einmal bewegt haben, so berichten Sie es bitte Ihrem Zähler, auch wenn es niemand gesehen hat. Legen Sie den Ball auch an seine ursprüngliche Stelle zurück.

Sicherheit [17.1]

Beware of a golfball …

Ein Golfball ist zwar nie schwerer als 45,93 Gramm, dafür ist er jedoch sehr hart. Aufgrund der hohen Geschwindigkeiten, die der Ball erreicht, können im Falle eines Aufpralls schlimme Verletzungen entstehen. Deshalb sollte man einen Golfball immer als einen gefährlichen Gegenstand betrachten. Die Sicherheitsetikette sollte beim Üben oder beim Spiel auf dem Platz immer eingehalten werden: Achten Sie immer darauf, dass Sie nicht in den Schwungradius eines anderen Spielers geraten oder ob andere Spieler in Ihrem Schwungradius sind. Laufen Sie nie vor, und stellen Sie sich auch nicht nur etwas näher zum Ziel als der Spieler, der gerade den Ball schlägt. Denn selbst wenn Sie direkt seitlich von dem schlagenden Spieler stehen, kann es passieren, dass Sie getroffen werden, wenn der Spieler den Ball ganz vorne an der Spitze trifft. Spielen Sie nur dann Ihren Ball, wenn der Sicherheitsabstand zum vorausspielenden Flight groß genug ist. Sollte es dennoch einmal passieren, dass einer Ihrer Bälle gefährlich auf einen anderen Flight zufliegt, so rufen Sie laut "Fore!" Dieser Warnruf ist für jeden Golfer das Zeichen, in Deckung zu gehen und seinen Kopf durch die Arme zu schützen. Behalten Sie immer im Hinterkopf, dass jedes Jahr mehr Menschen auf dem Golfplatz zu Tode kommen als bei Automobilrennen!

Vorrecht [-17.2]

Sofern nicht von der Spielleitung des Golfclubs anders bestimmt, wird das Vorrecht auf dem Platz durch das Spieltempo einer Spielergruppe bestimmt. Jeder Flight, der die ganze Runde spielt, hat das Recht, einen Flight zu überholen, der nicht die ganze Runde spielt - z.B. einen Flight, der am 10. Loch einschneidet.

Rücksicht [-17.2]

Spielen Sie immer so, dass niemand durch Ihren Schläger, Ball oder durch bei Probeschwüngen bewegte Steine getroffen werden kann. Halten Sie immer genügend Abstand zu den Spielern und stehen Sie nicht näher zum Loch als der schlagende Spieler.

Nehmen Sie immer Rücksicht auf andere Spieler auf dem Platz. Vermeiden Sie Gespräche und Geräusche, während andere Spieler den Ball spielen. Schalten Sie Ihr Handy aus, wenn es nicht wirklich dringend gebraucht wird.

Spieltempo [-17.2]

1. Sie spielen nicht schlechter, wenn Sie schneller spielen. Ganz im Gegenteil: Langsames Spielen gibt Ihnen nur mehr Zeit nachzudenken, was man alles falsch machen kann.
2. Nutzen Sie die Zeit, wenn die anderen an der Reihe sind, um sich einen Plan für Ihren nächsten Schlag zu machen.
3. Parken Sie Ihren Caddywagen in Richtung des nächsten Abschlages, so muss man nicht zurücklaufen.
4. Rechen Sie auch mal den Bunker für Ihren Mitspieler, oder stecken Sie für einen anderen Spieler die Fahne ins Loch zurück - das spart Zeit für den ganzen Flight.
5. Markieren Sie auf dem Grün mit einer großen Münze, damit Sie sie schnell wiederfinden.
6. Zögern Sie nicht, bleiben Sie bei einem einmal gefassten Entschluss. Denken Sie daran: Es gibt keine vorsichtigen Schläge.
7. Schreiben Sie den Score Ihres Mitbewerbers erst am nächsten Abschlag auf, wenn die anderen spielen.
8. Spielen Sie einen provisorischen Ball, wenn Ihrer verloren sein könnte.
9. Geht Ihr Ball in ein seitliches Wasser (rot markiertes Hindernis), brauchen Sie keinen provisorischen Ball zu spielen: Dieser wäre nämlich sofort der Ball im Spiel.
10. Oft reicht es schon aus, selber schnell zu spielen - dies zieht die anderen meistens mit.

Richtiges Droppen -17.3

Droppen.

Markieren Sie Ihren Ball immer erst mit einem Tee, bevor Sie Ihn aufheben. Sagen Sie vorher ihrem Zähler Bescheid. Als nächstes markieren Sie den Punkt, wo Sie den Schläger gut aufsetzen und wirklich unbehindert stehen und schwingen können. Von diesem Punkt messen Sie dann mit einer oder mit zwei Schlägerlängen die Drop-Zone aus und begrenzen sie mit einem weiteren Tee. Das Droppen erfolgt mit aufrechter Haltung und waagerecht ausgestrecktem Arm. Der Ball muss in der Drop-Zone aufkommen, und er darf bis zu zwei Schlägerlängen von seinem Aufkommpunkt wegrollen. Rollt er zweimal nach dem Droppen weg, so darf man ihn an dem Punkt des Aufkommens hinlegen.

Fallenlassen.

Ist der Ball so nah wie möglich an einer bestimmten Stelle fallenzulassen, so darf er nicht näher zum Loch als die entsprechende Stelle fallengelassen werden.

Falls die Stelle dem Spieler nicht genau bekannt ist, muss sie geschätzt werden. Ein Ball muss beim Fallenlassen auf einen Teil des Platzes auftreffen, wo er nach der anzuwendenden Regel fallenzulassen ist.

Nochmal Droppen.

Ein gedroppter Ball muss straflos erneut fallengelassen werden, wenn er ...

... in ein Hindernis hineinrollt und im Hindernis zur Ruhe kommt
... aus einem Hindernis hinausrollt und außerhalb zur Ruhe kommt
... auf das Grün rollt
... ins Aus rollt
... zurück in die Behinderung läuft
... näher zum Loch rollt
... mehr als zwei Schlägerlängen wegrollt

Liegt der Ball nach zweimaligem Droppen noch nicht an einer regelkonformen Stelle, so muss er er so nah wie möglich der Stelle hingelegt werden, wo er zum ersten Mal auftraf, als er erneut gedroppt wurde.

Out of bounds / Aus -17.4

Out of bounds / Ball im Aus.

'Aus' ist Boden, auf dem nicht gespielt werden darf. Liegt er auf der Auslinie so ist er schon im Aus. Sie müssen dann auf jeden Fall einen neuen Ball spielen. Das Aus ist durch weiße Pfosten oder Linien markiert.

Provisorischer Ball.

Besteht Unklarheit darüber, ob der gespielte Ball noch im Spiel oder schon im Aus ist, so sollte man einen provisorischen Ball spielen. Diesen spielt man so lang weiter, bis man an die Stelle kommt, wo sich der erste Ball vermutlich befindet. Ist dieser Ball wirklich im Aus, so spielen Sie den provisorischen Ball weiter: Er wird dann zu Ihrem Ball im Spiel. Ist der erste Ball doch nicht im Aus, so müssen Sie ihn weiterspielen oder für unspielbar erklären.

Den Ball so spielen, wie er liegt.

Sie müssen den Ball grundsätzlich so spielen, wie er liegt. Man darf die Lage des Balles nicht verändern. Der Schläger darf vor dem Ball nur mit seinem Eigengenwicht aufgesetzt werden. Man darf nichts absichtlich herunterdrücken, um die Lage des Balles zu verbessern.

Steine im Bunker.

Steine sind gemäß Regelbuch "lose hinderliche Naturstoffe" und dürfen im Hindernis gemäß der Regel nicht entfernt werden.
Es wird aber folgende Platzregel empfohlen:

"Steine im Bunker sind bewegliche Hemmnisse (Regel 24-1 gilt)."
Hat also ein Golf-Club diese Platzregel formuliert,
so dürfen Sie die Steine aus dem Bunker entfernen.

Good to know.

Work is for people who do not know how to play golf.

Bunkerregeln -17.5

Der Bunker ist ein Hindernis.

In einem Hindernis darf man den Schläger nicht zum Ansprechen auf den Boden setzen. Der Schläger muss in der Luft schweben. Erklären Sie den Ball im Bunker für unspielbar, so haben Sie folgende Möglichkeiten:

1. Zurückgehen und einen Ball von der Stelle spielen, von welcher der vorige Ball geschlagen wurde (Strafschlag).
2. Einen Ball auf der Linie Ball-Fahne droppen, jedoch nicht außerhalb des Bunkers (Strafschlag).
3. Droppen innerhalb zweier Schlägerlängen von dem Ball aus, den Sie für unspielbar erklärt haben, jedoch nicht näher zur Fahne. Versuchen Sie, den Ball an einer Bunkerkante zu droppen, die steil genug ist, so gibt es keinen Steckschuss, und der Ball darf noch bis zu zwei Schlägerlängen wegrollen (Strafschlag).

Hemmnisse -17.6

Bewegliche und unbewegliche Hemmnisse.

Bewegliche Hemmnisse dürfen, sofern das möglich ist, weggetragen werden. Ihr Ball wird möglichst an der letzten Stelle wieder hingelegt. Vorher darf man ihn reinigen. Unbewegliche Hemmnisse lassen sich im Allgemeinen nicht wegtragen.

Um den Ball straffrei aufnehmen und innerhalb einer Schlägerlänge droppen zu dürfen, muss das Hemmnis den Stand oder den beabsichtigten Schwung des Spielers behindern.
Vor dem Droppen darf man den Ball reinigen.

Unspielbare Bälle -17.6

Sie entscheiden.

Nur Sie allein entscheiden, ob ein Ball unspielbar ist oder nicht. Wenn Sie dies tun, haben Sie drei Möglichkeiten:
1. Zurückgehen und vom Punkt des letzten Schlages erneut einen Ball spielen (Strafschlag).
2. Innerhalb zweier Schlägerlängen vom Punkt, an dem der Ball zur Ruhe kam, droppen (Strafschlag).
3. Auf der Linie Ball-Fahne zurückgehen und auf dieser Linie droppen (Strafschlag).

Farbige Markierungen -17.6

Blaue Pfosten und Linien.

Boden in Ausbesserung. Der Ball darf straffrei gedroppt werden.

Rote Pfosten und Linien.

Seitliches Wasser wird mit roten Pfosten und Linien markiert. Sie haben fünf Möglichkeiten, die Situation zu lösen:

1. Sie können den Ball spielen, wie er liegt.
2. Sie können zurückgehen und einen neuen Ball schlagen (Strafschlag).
3. Finden Sie den Schnittpunkt, an dem der Ball in das Hindernis hineingeflogen oder -gerollt ist. Gehen Sie dann auf einer Linie rückwärts, die das Loch und den Schnittpunkt verlängert, und droppen Sie auf der Linie (Strafschlag).
4. Am Schnittpunkt zum Wasser einen Ball innerhalb zweier Schlägerlängen droppen (Strafschlag).
5. Auf der anderen Seite des Baches, jedoch nicht näher zum Loch, innerhalb zweier Schlägerlängen droppen (Strafschlag).

Gelbe Pfosten und Linien.

Frontales Wasser ist mit gelben Pfosten markiert. Meistens sind Teiche, Tümpel und Seen so markiert. Man hat drei Möglichkeiten, weiterzuspielen:

1. Sie können den Ball so spielen, wie er liegt.
2. Sie können zurückgehen und einen neuen Ball schlagen (Strafschlag).
3. Finden Sie den Schnittpunkt, an dem der Ball in das Hindernis hineingeflogen oder -gerollt ist. Gehen Sie dann auf einer Linie rückwärts, die das Loch und den Schnittpunkt verlängert, und droppen Sie auf der Linie (Strafschlag).

Weiße Pfosten und Linien.

Diese Linien markieren das Aus. Dahinter ist Boden, auf dem nicht gespielt werden darf.

Sie haben nur zwei Möglichkeiten:

1. Sie müssen zurück zum letzten Punkt, von dem Sie geschlagen haben.
2. Wenn nach Stableford gespielt wird, können Sie das betreffende Loch auf der Scorekarte streichen lassen. Bei einem normalen Zählspiel geht das leider nicht.

Unklarheiten $^{-17.7}$

Grabendes Tier.
Liegt der Ball auf Auf- oder Auswurf, dem Loch oder den Laufspuren eines Tieres, so darf man den Ball straffrei aufnehmen und innerhalb einer Schlägerlänge droppen. Wenn der Stand oder Raum des beabsichtigten Schwunges betroffen sind, dürfen Sie ebenfalls droppen.

Zeitweiliges Wasser.
Wenn Sie Ihre Standposition einnehmen und dabei Wasser sichtlich zu Tage tritt, dürfen Sie Erleichterung in Anspruch nehmen.

Zum Droppen müssen Sie den nächstgelegenen Punkt finden, an dem Ihre Füße nicht mehr im Wasser stehen.

Vorgeschriebene Erleichterung.
Mit einer Platzregel kann die Spielleitung vorschreiben, dass an einem bestimmten Punkt des Platzes Erleichterung in Anspruch genommen werden muss (z.B. an einem Blumenbeet oder an einer Grünabsperrung), damit dieses von den Golfern nicht zerstört wird. Sie müssen dann droppen.

Ball ragt über dem Lochrand hinaus.
Wenn der Ball über den Lochrand hinausragt, so darf man am Loch 10 Sekunden warten, ob er ins Loch fällt.

Der Spieler sollte ohne zusätzliche Verzögerungen zum Loch gehen.

Ball markieren -17.8

Markieren Sie alle Bälle, die Sie spielen.

Ein Ball gilt nicht nur dann als verloren, wenn er nicht mehr wiedergefunden werden kann, sondern auch dann, wenn er sich nicht eindeutig als Ihr Ball identifizieren lässt. Deshalb ist es wichtig, dass Sie jeden Ball, den Sie spielen, immer deutlich mit einer eigenen Markierung versehen.

Einschlaglöcher.

Auf dem Grün dürfen Sie die Einschlaglöcher der Bälle ausbessern, jedoch nicht schadhafte Stellen, die durch Spikes verursacht sind.

Nicht eingelocht.

Locht ein Spieler an einem Loch nicht ein und schlägt am nächsten Abschlag ab, ohne den Fehler behoben zu haben, so wird er disqualifiziert.

Pitchmarken ausbessern -17.9

Die Pflege eines jeden Golfplatzes ist für alle der Etikette bewussten Golfer selbstverständlich.

Bessern Sie auf jedem Grün in jedem Fall Ihre eigene und möglichst eine weitere Pitchmarke aus.

Flaggenstock.

Wenn Sie den Flaggenstock beim Putten treffen, erhalten Sie zwei Strafschläge. Wenn Sie neben dem Grün liegen, dürfen Sie die Fahne herausnehmen, wenn Sie auf dem Grün sind, müssen Sie sie herausnehmen.

Schwunganalyse -18.00

Im letzten Kapitel können Sie einen Schwung betrachten und analysieren, der dem Ihren vergleichbar ist. Sprechen Sie Ihren Pro darauf an.

Closed Clubface Swinger -18.01

Ansprechhaltung.

Sehr gute Haltung des Körpers mit richtiger Balllage und korrekter Stellung der Arme. Das Griffende des Schlägers zeigt in die Leiste. Der Griff der rechten Hand ist leicht stark, da sie den Schläger etwas zu sehr von unten greift. Durch den leicht starken Griff der rechten Hand kann die Schlagfläche im Schwung etwas nach links verkantet (geschlossen) sein.

Da hieraus ein Ballflug nach links resultiert, entwickelt der Spieler unbewusst eine Ausgleichbewegung, um dieses zu vermeiden. Er released nicht durch den Ball hindurch, sondern lässt den rechten Arm unter dem linken Arm. Er will den Schläger nicht schließen, um so den Hook zu vermeiden.

Der Griff der rechten Hand ist zu stark. Der rechte Arm bleibt unter dem linken Arm und verursacht dadurch einen Slice.

Körpermaße -18.01

Name	Bernd R.
Club	Frankfurter Golf-Club
Hcp	17,9
Alter	53 Jahre
Gewicht	90 Kg
Größe	175 cm
Armlänge	60 cm
Beinlänge	89 cm
Eisen	5
Schaft	38,0"
Lie	Standard

175 cm

60 cm

89 cm

-18.01

Rückschwung

Der Schläger startet unterhalb der Schaftebene (B2 und B3). Die große Schulterdrehung und die komplette Gewichtsverlagerung bringen den Spieler in eine kraftvolle Position für die Bewegung zum Ball (B4 und B5).

Schlagfläche und Griff

Die Schlagfläche ist durch das Legen des Schlägers in den Handgelenken gebeugt (palmar), das Schlägerblatt ist geschlossen (linker Handrücken).

Schaftstellung

Die Schaftstellung ist im höchsten Punkt gekreuzt, sie zeigt nach rechts vom Ziel (B5). Die Schlagfläche ist im höchsten Punkt des Schwungs geschlossen. Diese Stellung erschwert den richtigen Release. Sowohl die Schaftstellung, als auch die Schlagflächenstellung sind Hookfaktoren, die der Spieler im Treffmoment ausgleichen muss.

Körperposition

Eine sehr gute Schulterdrehung mit vollständiger Gewichtsverlagerung auf das rechte Bein (B6).

Resultat: Slice

Abschwung
Der Winkel wird etwas zu früh gelöst (B8). Der tiefste Punkt der Schwungkurve liegt dadurch vor dem Ballkontakt (B9).

Durchschwung
Da bei diesem Spieler der rechte Arm unter dem linken Arm bleibt, sieht man in der Stellung B9 nicht den rechten Handrücken. Es ist also noch mehr Schlagweite möglich: Denn mit einem guten Release schließt sich die Schlagfläche korrekt und überträgt die Kraft vollständig auf den Ball. Schöne Streckung der Arme (10 vorne) und sehr gute Sichtbarkeit der Arme aus der lateralen Sicht (10 hinten).

Dynamik
Der Ball wird früh getroffen. Durch den hohen Eintreffwinkel und den großen Radius ergeben sich große Schlagweiten. Der Ballflug ist flach.

Release
Der rechte Arm bleibt unter dem linken Arm.

Endstellung
Schöne Endstellung mit guter Gewichtsverlagerung auf das linke Bein (B12).

Closed Clubface Swinger -18.01

VS.

Used to do.

Das Schlägerblatt ist nach dem Treffmoment noch zu lange geöffnet. Der rechte Handrücken zeigt zum Boden. Die Hände sind sehr gut von hinten zu sehen und werden erst sehr spät hinter dem Körper verdeckt. Der Spieler verhindert dadurch einen Ballflug nach links.

Need to do.

Der rechte Handrücken ist vollständig zu erkennen. Dies zeigt, dass sich der Schlägerkopf gut schließt. Die Kraft wird bei einem guten Release vollständig auf den Ball übertragen.

Neutraler Schwung $^{+0.0}$

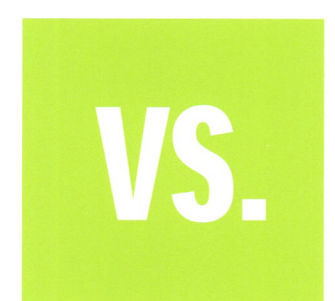

Used to do.

Die Handstellung ist an dieser Stelle sehr gut zu sehen. Verbessert man den starken Griff und anschließend die Stellung der Arme, so kann der Spieler größere Schlagweiten erreichen. Auch das Divot würde hierdurch kleiner werden. Die Gewichtsverlagerung ist ausgeprägt, und die Streckung der Arme ergibt einen sehr guten Radius.

Need to do.

Durch den richtigen Griff und die Streckung der Arme nach vorne unten, schließt sich die Schlagfläche durch den Ball hindurch, ohne dass der Ball eine Kurve fliegt.

Push -18.02

Flache Ballflugkurve.

Durch spätes Schlagen fliegt der Ball vorwiegend in einer flachen Kurve. Da der Schläger von innen kommt, starten die Bälle nach rechts. Der Spieler benutzt wenig die Dynamik der Beine, um den Abschwung einzuleiten.

Spätes Schlagen und eine ausgeprägte seitliche Bewegung (Translation), die erst spät in die Drehung zum Ziel übergeht. Eine stark seitliche Bewegung ergibt eine flache Flugkurve.

Körpermaße -18.02

Name .... Christian W.
Club .... Frankfurter Golf-Club
Hcp 14,4
Alter .... 23 Jahre
Gewicht ...... 80 Kg
Größe .... 181 cm
Armlänge ..... 78 cm
Beinlänge .... 94 cm
Eisen 5
Schaft .... 38,0"
Lie .... Standard

181 cm
78 cm
94 cm

-18.02

Rückschwung
Der Schläger startet neutral vor dem Körper und wird dabei schon früh gelegt. Der Schaft hat dadurch im mittleren Teil eine flache Stellung (B4).
Schlagfläche und Griff
Die Schlagfläche ist hier nicht zu sehen, aber sie ist neutral (B5) (linker Handrücken gerade bei neutralem Griff).

Schaftstellung
Der Schaft ist in der höchsten Position neutral (B5). Durch diese Stellung wird der weitere Ablauf schon festgelegt. Es ergibt sich ein Abschwung, der nah am Körper und leicht von innen verläuft.

Körperposition
Die Schulterdrehung ist vollständig. Die Arme sind im höchsten Punkt etwas zu tief, was einen Hookfaktor darstellt.

Resultat: Push

Abschwung
Der Schläger kommt etwas von innen an den Ball (B7). Der Spieler baut einen guten Winkel zwischen den Armen und dem Schläger auf. Der Ball wird spät getroffen (B8). Der Ball fliegt dadurch flach.

Durchschwung
Der Spieler bleibt sehr ausgeprägt in seinen Körperwinkeln. Das linke Bein ist noch gebeugt, was den flachen Ballflug begünstigt.

Dynamik
Der Körperschwerpunkt wird weit nach links geschoben (B9). Der Ball wird spät getroffen.

Release
Wenig Rotation des Körpers durch den Ball hindurch mit geringen Einsatz der Beine (B12).

Endstellung
Man sieht Sohle und Spikes des linken Schuhs nicht vollständig.

Push -18.02

Used to do.
Der Spieler bewegt den Schläger von unterhalb der Ebene an den Ball. So kann der Ball rechts starten, wenn a) die Schlagfläche geöffnet ist oder b) der Ball spät getroffen wird.

Need to do.
Auf der neutralen Schwungkurve lässt sich der Ball leichter geradeaus spielen, wenn
a) das Schlägerblatt neutral positioniert ist,
b) nicht zu früh oder spät getroffen wird und
c) der Schläger sich auf der Schwungbahn bewegt.

Neutraler Schwung $^{+0.0}$

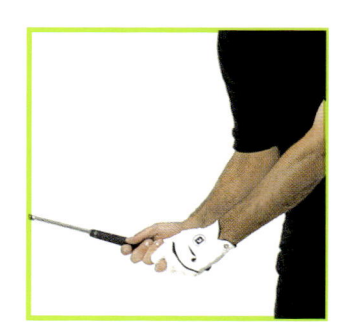

VS.

Used to do.

Der Winkel zwischen den Armen und dem Schläger ist gut. Die Hände sind jedoch schon fast am Ball angekommen, was ein Indiz für ein spätes Schlagen des Balles ist. Der Schläger kommt von innen (nähert sich dem Ball auf einer Ebene unterhalb der Schaftebene), und es entwickelt sich eine Tendenz zum Push.

Need to do.

Diese Stellung zeigt ein früheres Treffen des Balles, da die Hände zwar denselben Winkel mit dem Unterarm bilden wie auf dem Bild links, jedoch weiter vom Körper entfernt sind.

Pull -18.03

Flache Ballflugkurve.

Durch spätes Schlagen wird der Ball in einer flachen Kurve fliegen. Da der Schläger mit steilem Eintreffwinkel an den Ball kommt, kann der Ball auch links vom Ziel starten.

Der Schläger ist gelegt. Steiler Abschwung. Da der Schläger deutlich gelegt und die Schlagfläche leicht geschlossen ist, kommt der Schläger im Abschwung vor den Körper.

Körpermaße -18.03

Name	Hans H.
Club	Frankfurter Golf-Club
Hcp	8,0
Alter	56 Jahre
Gewicht	97 Kg
Größe	194 cm
Armlänge	80 cm
Beinlänge	102 cm
Eisen	5
Schaft	40,5"
Lie	3 upright

194 cm

80 cm

102 cm

-18.03

Rückschwung

Der Schläger startet unterhalb der Ebene hinter dem Körper und ist schon früh gelegt. Der Schaft hat dadurch im mittleren Teil eine flache Stellung (B3).

Schlagfläche und Griff

Die Schlagfläche ist durch das Legen des Schlägers in den Handgelenken gebeugt (palmar), das Schlägerblatt ist geschlossen (linker Handrücken).

Schaftstellung

Der Schaft ist in der höchsten Position gelegt. Diese Stellung legt den weiteren Verlauf des Schwungs schon fest. Es ergibt sich ein Eintreffwinkel.

Körperposition

Schulterdrehung noch nicht ganz komplett. Etwas mehr Schulterdrehung würde den Schläger im Abschwung auf eine neutralere Bahn bringen.

Resultat: Slice

Abschwung
Der Schläger kommt etwas von außen an den Ball (B7).
Der Ball wird spät getroffen (B8).

Durchschwung
Da sich der Schlägerkopf bei einem steilen Schwung nicht so leicht schließt, ist der Spieler bemüht, dies nachzuholen (B11)

Dynamik
Durch den hohen Eintreffwinkel und den großen Radius ergeben sich große Schlagweiten. Der Ballflug ist dabei flach. Der Ball wird spät getroffen.

Release
Der rechte Arm bleibt unter dem linken Arm.
Starke Rotation der Arme nach dem Treffmoment (B11).

Endstellung
Schöne Endstellung mit guter Gewichtsverlagerung auf das linke Bein (B12).

Pull -18.03

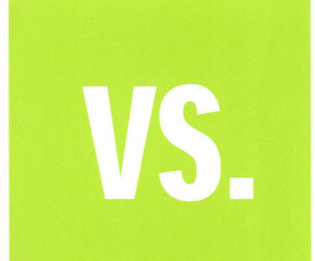

Used to do.

Das gebeugte Handgelenk des linken Arms schließt die Schlagfläche. Der Schaft ist gelegt, er zeigt nach links vom Ziel. Im Abschwung wird der Schläger vor den Körper kommen und den Eintreffwinkel erhöhen. Gute Schlaglänge.

Need to do.

Schaft und Schlagflächenstellung sind neutraler. Bei Eintritt der Dynamik fällt der Schläger leichter auf die neutrale Schwungbahn.

Neutraler Schwung $^{+0.0}$

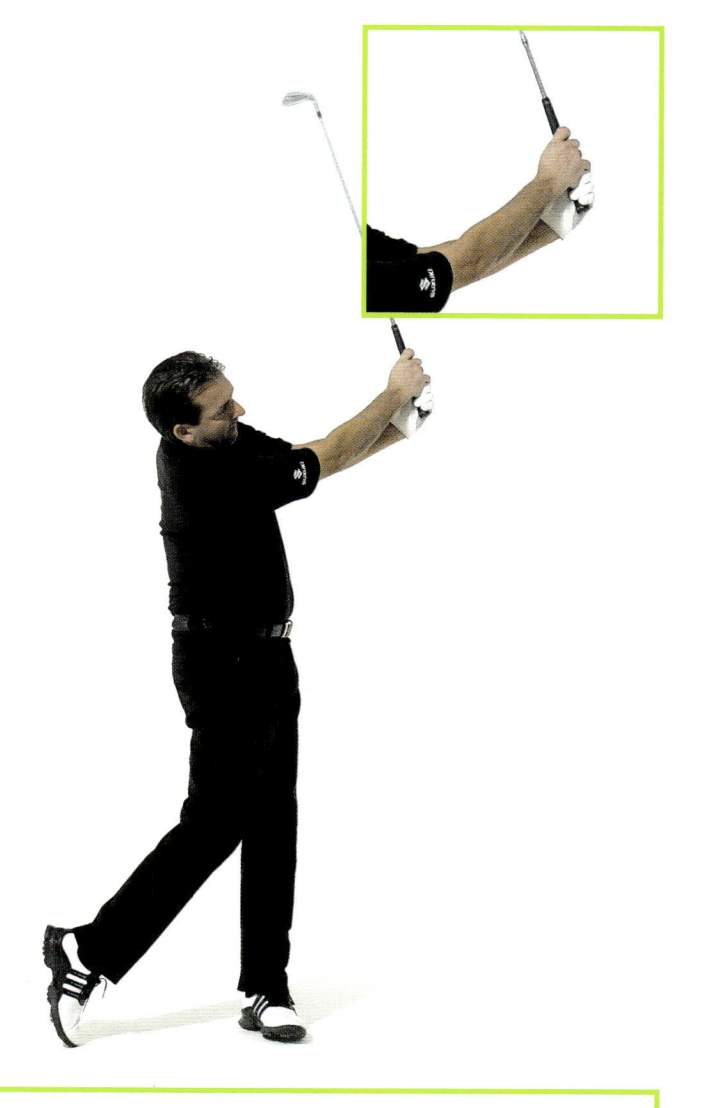

VS.

Used to do.

Der Spieler ist bemüht, den Schlägerkopf durch den Ball hindurch zu schließen. Das linke Handgelenk knickt dabei etwas ab. Die Spitze des Schlägerkopfes verursacht dadurch ein Divot. Bei steileren Schwüngen schließt sich die Schlagfläche schwieriger als bei flachen Schwüngen.

Need to do.

Ist der Schläger auf der Schwungebene und die Schlagflächenstellung richtig, so ergibt sich im Durchschwung eine weniger spektakuläre Stellung der Arme. Der Kopf rotiert früher in Richtung Ziel.

Steiler Abschwung -18.04

Hohe Ballflugkurve.

Die Hände gehen im Abschwung etwas nach vorne und versteilern die Schlägerbewegung. Die Schlagfläche bleibt im Treffmoment bei den schlecht getroffenen Bällen geöffnet. Schöne Körperwinkel aus dieser lateralen Sicht.

Der Griff ist stark. Die Schultern starten früh die Drehung in Richtung Ziel. Dadurch kommt der Schläger vor den Körper, was einen Hook vermeidet.

Körpermaße -18.04

Name	Marcel S.
Club	Frankfurter Golf-Club
Hcp	9,2
Alter	36 Jahre
Gewicht	84 Kg
Größe	186 cm
Armlänge	74 cm
Beinlänge	92 cm
Eisen	5
Schaft	39,5"
Lie	2 upright

186 cm

74 cm

92 cm

-18.04

Rückschwung

Der Schläger ist in der 9-Uhr-Position leicht innen (B3). Der Schaft hat anschließend im mittleren Teil eine etwas flache Stellung (B4). Der Rückschwung ist kurz und kompakt, wobei der Spieler etwas größer wird.

Schlagfläche und Griff

Die Schlagfläche ist neutral (B5).

Schaftstellung

Der Schaft ist im höchsten Punkt der Schwungkurve gut positioniert, um bei eintretender Dynamik auf der richtigen Schwungebene zu bleiben. Durch diese Stellung wird ein guter Schwungablauf ermöglicht. Im Abschwung kommt der Schläger dennoch vor den Körper. Es ergibt sich dadurch ein steiler Eintreffwinkel.

Körperposition

Die Schultern sind im Rückschwung vollständig gedreht.
Der Körper schiebt die Hüfte im Rückschwung leicht nach rechts.

Resultat: Slice

Abschwung
Der Schläger kommt etwas von außen an den Ball (B7), was ein Nachteil für lange Schläger ist. Für kurze Schläger ergibt sich ein Eintreffwinkel. Nach dem Treffmoment bleibt der rechte Arm etwas zu lange unter dem linken Arm (B8).

Durchschwung
Der Abschwung ist steil (B10), deswegen werden die Hände zu früh durch den Körper verdeckt. Die Schlagfläche bleibt auch nach dem Treffmoment leicht geöffnet. Die gute Grundlänge ist demnach noch ausbaufähig.

Dynamik
Sehr gute Körperdynamik. Der Ball könnte noch etwas später getroffen werden. Dies würde dem Ballflug bei schlechten Bedingungen noch mehr Stabilität verleihen.

Release
Weite Streckung der Arme. Schaft zeigt nach dem Treffmoment gut in den Körpermittelpunkt.

Endstellung
Gut ausbalanciert.

Steiler Abschwung -18.04

VS.

Used to do.
Zu Beginn des Abschwungs starten die Schultern etwas frühzeitig und drehen in Richtung Ziel.

Need to do.
Die Hände bewegen sich zu Beginn des Abschwungs nach unten und verbinden die Arme wieder mit dem Oberkörper. Danach erst dreht der Oberkörper in Richtung Ziel.

Neutraler Schwung $^{+0.0}$

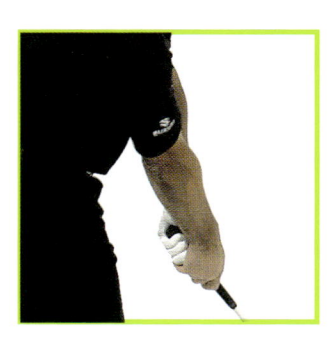

VS.

Used to do.

In dieser Stellung sollten die Hände noch vollständig zu sehen sein. Die Arme müssen gestreckt sein, und die vordere Kante des Schlägers sollte durch den Prozess des Schließens schon in den Himmel zeigen.

Need to do.

Zwischen den Händen und dem Körper sollte Abstand sein. Je stärker der Schläger von außen an den Ball kommt, desto schneller werden die Hände vom Körper verdeckt.

Radius -18.05

Der Ball fliegt geradeaus.

Durch eine große Ausholbewegung wird versucht, noch mehr Länge zu erzielen. Der linke Arm winkelt stark ab. Der Kopf bleibt etwas zu lange über dem Ball, sollte sich im Rückschwung jedoch leicht nach rechts bewegen, da sonst die Gefahr eines Reverse Pivots besteht. Hierbei ist im höchsten Punkt mehr Gewicht auf dem linken Bein als auf dem rechten Bein.

Der Griff ist neutral. Sehr schöner, fließender Rhythmus. Überschwungen. Der gebeugte linke Arm erzeugt im Abschwung eine höhere Schlägerkopfgeschwindigkeit als ein gerader oder überstreckter Arm.

Körpermaße -18.05

Name	Annette H.
Club	Frankfurter Golf-Club
Hcp	27,0
Alter	40 Jahre
Gewicht	57 Kg
Größe	180 cm
Armlänge	70 cm
Beinlänge	85 cm
Eisen	5
Schaft	38,0"
Lie	Standard

180 cm

70 cm

85 cm

-18.05

Rückschwung
Der Schläger startet auf der richtigen Ebene. Bis zum höchsten Punkt des Rückschwungs ist die Bewegung richtig, dann gerät sie jedoch etwas zu lang (B5).

Schlagfläche und Griff
Die Schlagfläche ist neutral, was Voraussetzung für eine gute Bewegung zum Ball ist. Der Griff ist gut.

Schaftstellung
Der Schaft ist in der höchsten Position neutral, jedoch etwas überschwungen. Es ergibt sich aber trotzdem ein steiler Eintreffwinkel.

Körperposition
Der Oberkörper sollte sich noch etwas mehr nach rechts bewegen (B5), so dass das Gewicht noch etwas mehr auf dem rechten Bein liegt.

Resultat: Slice

Abschwung

Der Schläger kommt etwas von außen an den Ball (B7). Der Ball wird spät getroffen (B8).

Durchschwung

Der Abschwung ist neutral (B10). Die Schlagfläche bleibt auch nach dem Treffmoment geöffnet. Die Hüfte ist im Augenblick des Treffmoments passiv.

Dynamik

Der Ball wird spät getroffen. Eine stärkere Drehung der Hüften durch den Treffmoment könnte den Ballflug noch weiter verbessern.

Release

Arme gut gestreckt, mit weitem Radius.

Endstellung

Gut ausbalanciert, mit der rechten Schulter zum Ziel gedreht.

Radius -18.05

VS.

Used to do.

Der linke Arm knickt etwas ein. Dies ist eine zusätzliche Bewegung, die dazu dienen soll, mehr Schwung zu holen. Der linke Arm darf dies machen, er sollte nur leicht gebeugt und keinesfalls zu sehr gestreckt sein. Der rechte Arm ist für den Radius verantwortlich. Er sollte vor dem Körper bleiben. Die Hände sollten neben dem Kopf zu sehen sein.

Need to do.

Der linke Arm ist fast gestreckt, und die Arme befinden sich vor dem Körper. Das Körpergewicht ist auf dem rechten Bein, und die Schultern vollständig gedreht.

Neutraler Schwung $^{+0.0}$

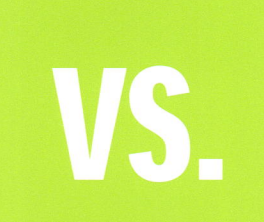

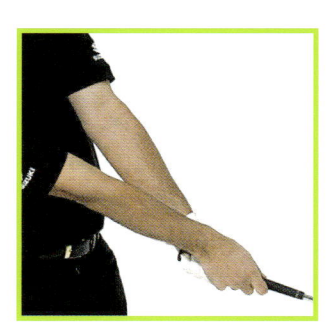

Used to do.

Die Arme sollten sich durch den Treffmoment hindurch mehr strecken und die Hüfte sich weiter drehen. Durch das Strecken der Arme schließt sich der Schlägerkopf dynamischer und erzeugt so mehr Länge. Übt man dieses Releasen, so dreht die Spielerin auch ihre Hüfte besser.

Need to do.

Die Arme sind weit in den Duchschwung gestreckt, und die Hüften sind in Richtung Ziel gedreht. So überträgt sich die Kraft optimal auf den Ball. Der Oberkörper zeigt im Augenblick des Treffens parallel in Richtung Ziel. Das Gewicht ist auf dem linken Fuß.

Steiler Rückschwung -18.06

Gerader, normal hoher Ballflug.

Ein schönes Beispiel für einen Golfschwung, der zwar oberhalb der Ebene startet, aber im Verlauf des Schwungs auf die Ebene zurückfindet.

Der Griff ist stark.
Ein steiler Rückschwung.
Die Hände starten mit dem Schläger nach außen.
Es entsteht eine Lücke zwischen dem linken Arm und dem Körper.

Körpermaße -18.06

Name	Nick
Club	Frankfurter Golf-Club
Hcp	4,7
Alter	17 Jahre
Gewicht	72 Kg
Größe	180 cm
Armlänge	71 cm
Beinlänge	98 cm
Eisen	5
Schaft	38,5"
Lie	1 upright

180 cm

71 cm

98 cm

-18.06

Rückschwung

Der Schläger startet oberhalb der richtigen Ebene. Der Schaft hat im mittleren Teil eine steile Stellung (B4). Der Rückschwung ist kurz und kompakt.

Schlagfläche und Griff

Die Schlagfläche ist neutral und für eine gute Bewegung zum Ball ausgerichtet. Der Griff ist stark und wird durch Knicken des Handgelenkes erfolgreich neutralisiert.

Schaftstellung

Der Schaft ist in der höchsten Position neutral.
Der Schläger steht in einer sehr guten Ausgangsbasis.

Körperposition

Der Oberkörper sollte sich noch etwas mehr nach rechts bewegen (B5). Zwischen Unterkörper und Oberkörper herrscht sehr viel Spannung, da die Hüfte wenig nachgibt.

Resultat: Hook

Abschwung

Der Schläger kommt auf der Schwungebene neutral an den Ball (B7). Der Ball wird spät getroffen (B9).

Durchschwung

Der Abschwung ist neutral (B7). Die Schlagfläche schließt sich nach dem Treffmoment.

Dynamik

Der Ball wird spät getroffen. Die Hände sind im Treffmoment vor dem Ball. Der Schaft ist leicht nach vorne geneigt.

Release

Arme sind gut gestreckt. Der rechte Arm rotiert durch Strecken über den linken Arm.

Endstellung

Gut ausbalanciert. Die Schultern stehen über den Hüften.

Steiler Rückschwung -18.06

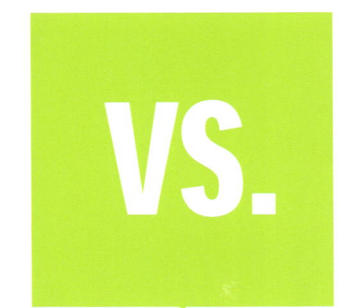

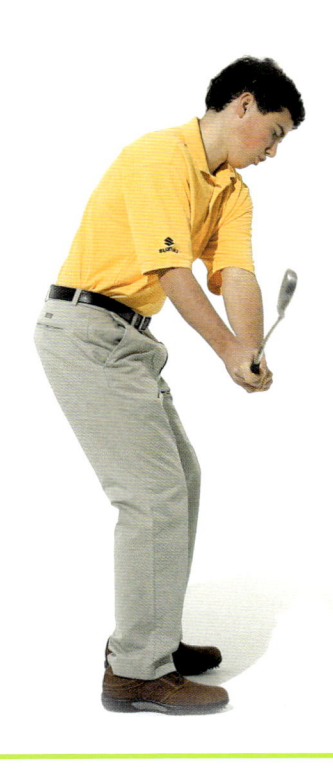

Used to do.

Der Rückschwung ist steil, die Hände und Arme gehen vom Körper weg, und es entsteht dort eine Lücke. Die Hände sollten näher am Körper zurückschwingen.

Need to do.

Der Rückschwung ist neutraler, die Arme sind nah am Körper. Die Lücke zwischen Armen und Körper ist klein. Der Schläger ist außen und die Hände sind innen.

Neutraler Schwung $^{+0.0}$

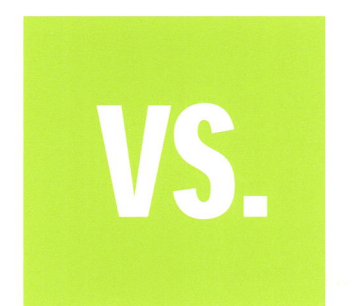

VS.

Used to do.

Der Spieler neigt den Kopf nach links, um den Ball mit beiden Augen zu sehen. Dadurch fehlt ein wenig die seitliche Gewichtsverlagerung. Die Schulterdrehung ist nicht ganz vollständig. Die Arme bleiben gut vor dem Körper.

Need to do.

Der Kopf dreht sich im Rückschwung mit. Das Gewicht ist in dieser Stellung des Rückschwungs schon auf dem rechten Bein.

Geschlossener Rückschwung -18.07

Flacher Draw.

Der Spieler beginnt den Rückschwung mit dem Schließen der Schlagfläche. Im Verlauf des Schwungablaufes wird der Schwung neutraler und die Wirkung dieser Startbewegung fast vollständig aufgehoben. Würde der Spieler diese Schlagflächenstellung durch den ganzen Schwung hindurch beibehalten, so würde er sehr starke Hooks schlagen. Er spielt aber einen sehr schönen Draw. Der Ball wird außerdem spät getroffen. Die Hände sind im Treffmoment vor dem Ball.

Der Griff ist stark. Der Ball wird spät getroffen. Die Schlagfläche schließt sich durch den Ball hindurch. Die Schaftstellung ist im höchsten Punkt gekreuzt.

Körpermaße -18.07

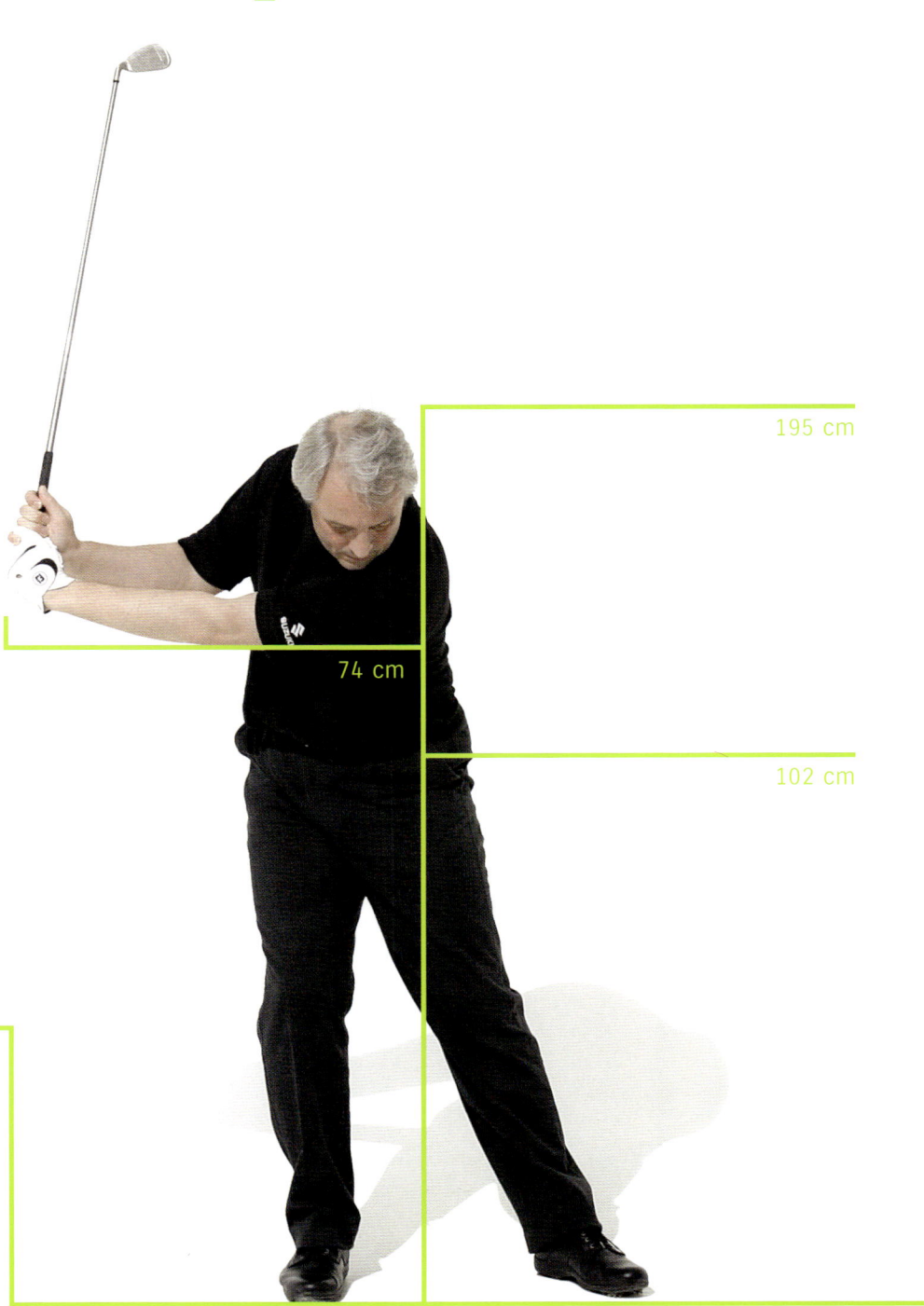

Name	Jörg H.
Club	Frankfurter Golf-Club
Hcp	28,0
Alter	45 Jahre
Gewicht	98 Kg
Größe	195 cm
Armlänge	74 cm
Beinlänge	102 cm
Eisen	5
Schaft	40,0"
Lie	Standard

195 cm
74 cm
102 cm

-18.07

Rückschwung

Der Schlägerkopf wird in der ersten Phase des Schwungs stark geschlossen. Im mittleren Teil steht der Schlägerschaft steil. Im höchsten Punkt ist der Schläger gekreuzt. Diese drei Elemente sind allesamt Hookfaktoren. Der Schwung muss also wieder normalisiert werden, wenn der Ball geradeaus fliegen soll.

Schlagfläche und Griff

Die Schlagfläche ist zu Beginn des Schwungs geschlossen und kurz vom Treffmoment neutral (B7).

Schaftstellung

Der Schaft ist in der höchsten Position gekreuzt.

Körperposition

Der Körper ist nach dem Rückschwung sehr gut auf dem stabilen rechten Bein (B5). Hierbei sind auch die Schultern in einer perfekten Ebene. Der Spieler hat sehr gute Körperwinkel.

Resultat: Hook

Abschwung
Der Schläger kommt leicht oberhalb der Schwungebene an den Ball zurück (B7). Der Ball wird spät getroffen (B8).

Durchschwung
Die Arme schwingen nach dem Treffmoment nach oben (B11).
Der Schlägerschaft ist fast senkrecht.
Die Schlagfläche schließt sich nach dem Treffmoment (B10).

Dynamik
Der Ball wird spät getroffen. Die Hände sind im Treffmoment vor dem Ball.
Der Schaft ist leicht nach vorne geneigt.

Release
Die Arme sind gut gestreckt, besonders der rechte Arm.
Der rechte Arm legt sich dabei über den linken Arm.
Der linke Arm sollte sich noch mehr in Richtung Boden strecken.

Endstellung
Gut ausbalanciert. Die Schultern stehen über der Hüfte.

Geschlossener Rückschwung -18.07

VS.

Used to do.

Der Schläger startet nach außen.
Die Schlagfläche ist sehr geschlossen

Need to do.

Der Schläger und die Arme sind im Beginn des Rückschwungs näher am Körper. In beiden Bilder (sowohl links als auch rechts) ist der Schlägerkopf außen und die Hände innen. Dies ist bei beiden Schwüngen richtig, nur auf dem linken Bild etwas zu stark.

Neutraler Schwung $^{+0.0}$

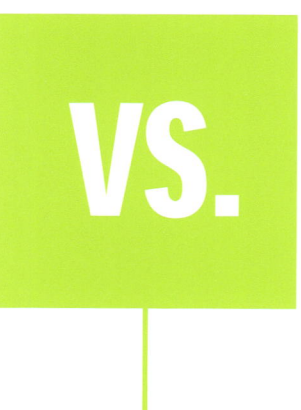

Used to do.

Der Schaft steht zu steil. Er zeigt fast in Richtung der Fußspitzen.
Als Folge wird er im höchsten Punkt kreuzen (Hookfaktor).
Das Schlägerblatt ist noch sehr geschlossen und muss daher
im weiteren Verlauf in eine neutralere Position gebracht werden.

Need to do.

Der Schaft ist neutral. Er zeigt auf die Mitte zwischen Ball und Füße.
Als Folge wird sich der Schaft im höchsten Punkt leicht
in die gute, gelegte Position bewegen lassen.

Starker Griff -18.08

Flache Ballflugkurve.

Der Ball fliegt flach und kraftvoll. Ideal für schlechte Wetterbedingungen.
Durch den starken Griff ist eine sehr gute Grundlänge vorhanden.
Die Bälle können auch dünn getroffen werden.

Der Griff ist sehr stark. Starke Griffe brauchen einen flachen Abschwung, damit das Schlägerblatt gerade an den Ball kommt.

Körpermaße -18.08

Name	Hans H.
Club	Paragon Golf-Club
Hcp	16,9
Alter	68 Jahre
Gewicht	97 Kg
Größe	186 cm
Armlänge	74 cm
Beinlänge	96 cm
Eisen	5
Schaft	38,75"
Lie	Standard

186 cm

74 cm

96 cm

-18.08

Rückschwung
Der Schlägerkopf wird in der ersten Phase des Schwungs nach innen bewegt. Im mittleren Teil steht der Schlägerschaft steil. Im höchsten Punkt des Schwungs steht das Schaftende gut für die Abwärtsbewegung.

Schlagfläche und Griff
Die Schlagfläche ist zu Beginn des Schwungs und auch noch in der 9-Uhr-Abschwungbewegung geschlossen (B7), zum Treffmoment hin jedoch durch die Körper- und Armhaltung begradigt (B7).

Schaftstellung
Der Schaft und die Arme sind etwas zu sehr vor dem Körper (B5).

Körperposition
Der Körper ist nach dem Rückschwung sehr gut auf dem stabilen rechten Bein (B5). Die Schultern sind nicht ganz vollständig gedreht.

Resultat: Slice

Abschwung
Der Schläger kommt leicht von oberhalb der Schwungebene an den Ball zurück (B7). Der Ball wird spät getroffen (B8).

Durchschwung
Die Handgelenke knicken nach dem Treffmoment ab (B10). Dadurch entstehen dünne Bälle, da der Schläger den Ball leicht im Aufsteigen trifft.

Dynamik
Der Ball wird sehr gut spät getroffen. Die Hände sind im Treffmoment vor dem Ball. Der Schaft ist nach vorne geneigt (B9).

Release
Der rechte Arm bleibt unter dem linken Arm, um die geschlossene Schlagfläche gerade an den Ball zu bringen.

Endstellung
Gut ausbalanciert. Die Schultern stehen über den Hüften. Das Gewicht ist vollständig auf dem vorderen Bein angekommen. Perfekte Körperstellung (B12).

Starker Griff -18.08

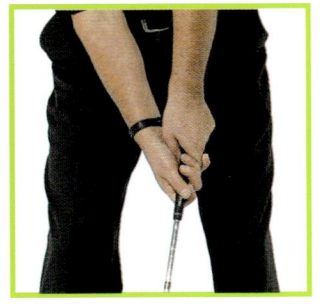

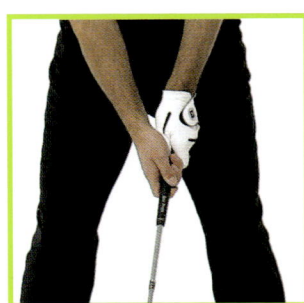

Used to do.

Der Griff ist sowohl mit der linken als auch mit der rechten Hand stark. Der Körper ist schon in der Ansprechhaltung seitlich geneigt, damit der rechte Arm im Treffmoment besser unter dem linken Arm bleiben kann, was dem Spieler einen flacheren Abschwung ermöglicht.

Need to do.

Der Griff ist neutral.
Der Körper ist nur leicht nach rechts geneigt.

Neutraler Schwung $^{+0.0}$

VS.

Used to do.

Die Hände sind rechts vor dem Körper, dass Griffende steht über der Fußspitze. Der Spieler hat im höchsten Punkt eine geschlossene Schlagfläche.

Need to do.

Das Griffende steht neutral über der Ferse des rechten Fußes. Die Schlagfläche ist im höchsten Punkt neutral.

Großer Abstand zum Ball -18.09

Hook. Der Ball fliegt nach links.

Der Spieler hat einen starken Griff. Die Rotation der Arme startet zu früh, da die Startbewegung über die Arme erfolgt. Es entsteht eine große Lücke zwischen linkem Arm und Körper. Dabei wird das Schlägerblatt durch Einknicken des linken Handgelenks geöffnet.

Der Spieler versucht seinen starken Griff durch seine Handgelenkstellung zu kompensieren. Im Rückschwung setzt der Spieler eine sehr große Schulterbewegung ein.

Körpermaße -18.09

Name	Christopher A.
Club	Frankfurter Golf-Club
Hcp	10,4
Alter	20 Jahre
Gewicht	75 Kg
Größe	191 cm
Armlänge	78 cm
Beinlänge	91 cm
Eisen	5
Schaft	38,5"
Lie	Standard

191 cm
78 cm
91 cm

-18.09

Rückschwung
Der Schlägerkopf wird in der ersten Phase des Schwungs durch Rotation stark geöffnet. Der Schläger startet unterhalb der Ebene. Im höchsten Punkt des Schwungs ist der Schläger gekreuzt. Die Stellung der Arme ist etwas tief und zu sehr hinter dem Körper. Sehr große Schulterdrehung.

Schlagfläche und Griff
Der Griff ist stark, weshalb der Spieler im höchsten Punkt eine geschlossene Schlagfläche hat (B5).

Schaftstellung
Der Schaft ist in der höchsten Position gekreuzt (B5).

Körperposition
Sehr gute Position des Körpers nach dem Rückschwung (B5).

Resultat: Hook

Abschwung
Der Schläger kommt auf der Schwungebene zum Ball (B7). Der Ball wird spät getroffen (B8).

Durchschwung
Der Schaft ist parallel zur Schaftebene der Ausgangsstellung (B11).

Dynamik
Der Ball wird spät getroffen. Die Arme und der Schläger bilden einen großen Winkel in der 9-Uhr-Abschwungstellung. Die Hände sind im Treffmoment vor dem Ball. Dabei ist die Hüfte leicht vorweg gedreht.

Release
Der linke Arm könnte sich noch mehr in Richtung Boden strecken. Dazu müsste aber der Griff mit der linken Hand neutraler sein, da der Ball sonst noch mehr nach links fliegen würde.

Endstellung
Gut ausbalanciert. Die Schultern stehen über den Hüften.

Großer Abstand zum Ball -18.09

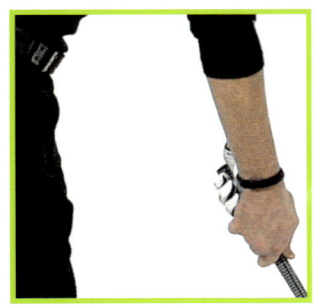

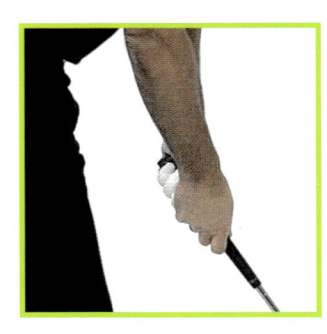

VS.

Used to do.

Der Abstand zum Ball ist groß. Dadurch bewegt der Spieler die Arme im ersten Teil des Rückschwunges sofort nach innen, um die Balance nicht zu verlieren.

Need to do.

Der Abstand zum Ball ist näher. Zwischen dem Schlägerende und dem Körper ist weniger Platz.

Neutraler Schwung [+0.0]

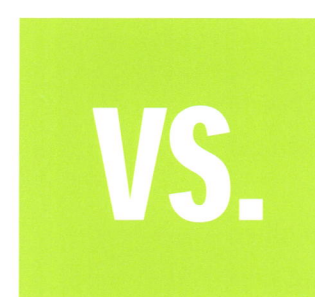

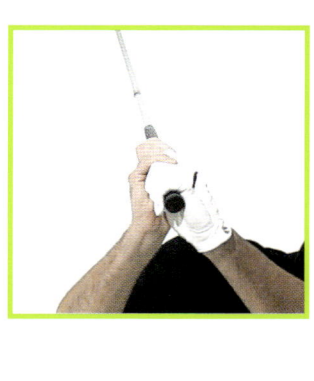

VS.

Used to do.

Der Schläger ist gekreuzt und das linke Handgelenk geknickt (dorsal), um die durch den starken Griff geschlossene Schlagfläche mehr zu öffnen. Die Arme sollten etwas höher sein. Tiefe Arme sind ein Hookfaktor. Der Eintreffwinkel wird zum Treffmoment hin flacher.

Need to do.

Der Schaft zeigt nach links vom Ziel. Aus dieser neutralen Stellung heraus lässt sich der Schläger leicht auf der richtigen Schwungbahn bewegen. Der Eintreffwinkel wird zum Treffmoment hin steiler.

Frühe Schulterdrehung -18.10

Flacher Fade.

Der Ball fliegt, nachdem er zuvor sehr voll getroffen wurde, mit Spin im leichten Fade. Der Eintreffwinkel ist sehr gut, weshalb schlechte Lagen gut beherrscht werden.

Der Spieler lehnt sich im Rückschwung etwas nach vorne und nach unten zum Ball. Beim Start des Abschwungs ist der Oberkörper der erste Körperteil, der sich in Richtung Ziel dreht. Dadurch kommen der Schläger und die Arme vor den Körper. Der Eintreffwinkel ist steil.

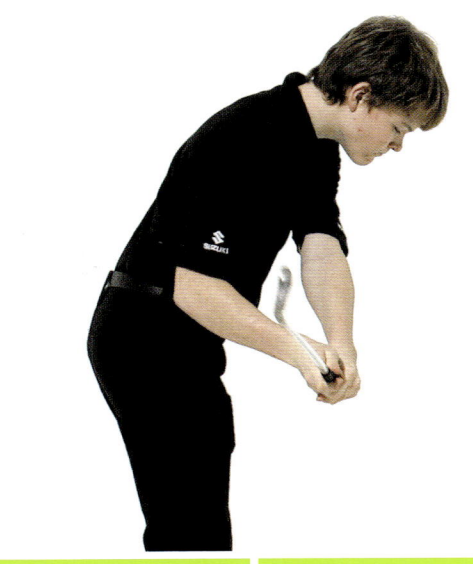

Der Griff ist neutral. Die Reihenfolge des Einsatzes der Körperteile sollte sich verändern. Der Abschwung startet mit den Beinen, und die Arme kommen auf die Schaftebene zurück.

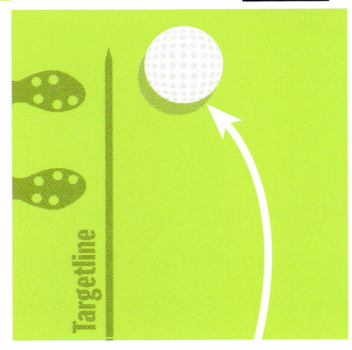

Körpermaße -18.10

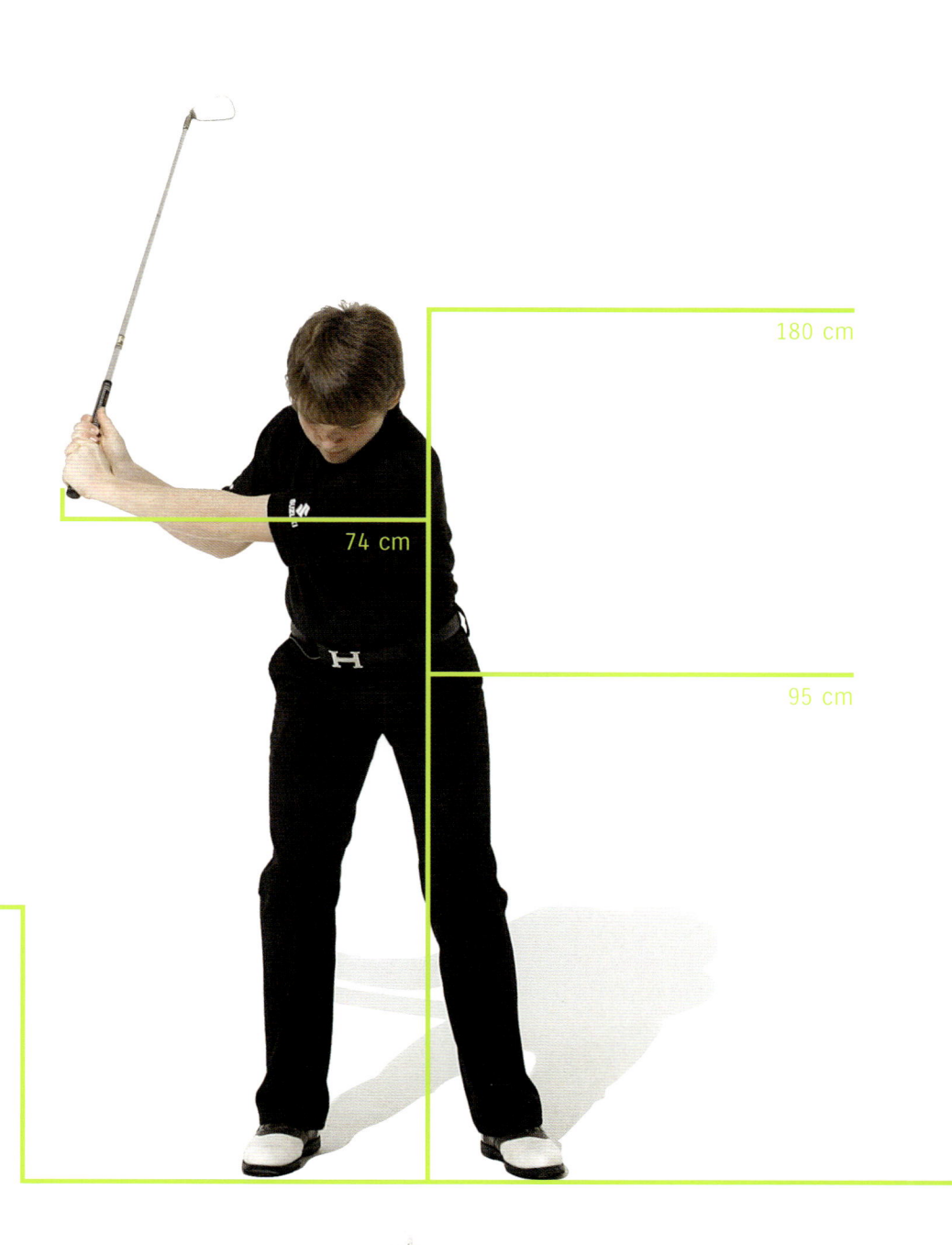

Name	Fabian
Club	Frankfurter Golf-Club
Hcp	6,0
Alter	16 Jahre
Gewicht	70 Kg
Größe	180 cm
Armlänge	74 cm
Beinlänge	95 cm
Eisen	5
Schaft	38,75"
Lie	3 upright

180 cm

74 cm

95 cm

-18.10

Rückschwung
Der Schläger startet auf der richtigen Ebene. Die Hände sind innen und der Schläger ist außen (B2). Der Schaft hat im höchsten Punkt des Schwungs eine gute Stellung (B4). Der Rückschwung ist kurz und kompakt.

Schlagfläche und Griff
Die Schlagfläche ist durch den ganzen Schwung hindurch neutral.

Schaftstellung
Der Schaft ist in der höchsten Position neutral. Der Schläger steht in einer sehr guten Ausgangstellung für den Abschwung.

Körperposition
Der Oberkörper neigt sich etwas nach vorne und nach unten (B5). Zwischen Unter- und Oberkörper herrscht sehr viel Spannung, da die Hüfte wenig nachgibt. Die Schulterebene ist steil.

Resultat: Slice

Abschwung
Obwohl der Spieler mit dem Oberkörper den Abschwung einleitet, kommt er fast auf der neutralen Ebene zum Ball zurück (B7).
Der Ball wird spät getroffen (B8).

Durchschwung
Der Abschwung ist knapp oberhalb der Schwungebene (B7).
Die Hände sind nach dem Treffmoment früh auf der Kurve nach innen und sind gerade noch zu sehen (B10). Die Schlagfläche schließt sich nach dem Treffmoment nicht ausreichend für den geraden Ballflug.
Der linke Arm müsste sich noch mehr in Richtung Boden strecken.

Dynamik
Der Ball wird spät getroffen. Die Hände sind im Treffmoment vor dem Ball. Die Handgelenke knicken nach dem Treffmoment etwas ab. Der Schaft ist leicht nach vorne geneigt.

Release
Die Arme sind gut gestreckt. Der rechte rotiert durch Strecken über den linken Arm.

Endstellung
Gut ausbalanciert. Die Schultern stehen über der Hüfte.

Frühe Schulterdrehung -18.10

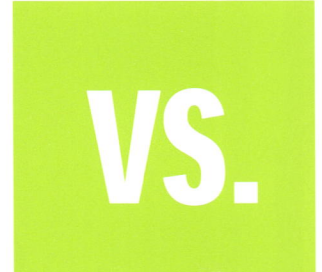

Used to do.

Der Treffmoment sagt aus, wie der Ball getroffen wird.
Hier bewegen sich die Hände früh nach innen.
Der Abstand zwischen Händen und Körper des Spielers ist gering.

Need to do.

Der Schläger schwingt mehr nach rechts,
und der Abstand zwischen Schlägerende und Körper ist neutral.
Die Schlagfläche ist im Schließen begriffen.

Neutraler Schwung $^{+0.0}$

VS.

Used to do.

Die Schultern drehen zu früh in Richtung Ziel.
Der Schläger wird dadurch auf eine steile Bahn gebracht.

Need to do.

Der Körper bleibt länger hinter dem Ball,
und die Arme starten den Abschwung

Frühe Armrotation -18.11

Flache Flugkurve des Balles durch ein geschlossenes Schlägerblatt.

Der Rückschwungstellung nach zu urteilen, müsste der Ball pullen, d.h. gerade nach links fliegen, doch wird der Schwung im Abschwung wieder auf die Ebene gebracht. Der rechte Ellbogen ist gut in der rechten Seite.

Der Schläger wird im ersten Teil des Schwungs zu sehr rotiert. Zudem wird der Schläger über die Horizontale hinaus geschwungen. Das Schlägerblatt ist durch die Arme hindurch zu sehen.

Der Griff ist neutral. Die Spielerin bringt den Schläger zum Treffmoment wieder gut auf die Ebene, neigt aber zum frühen Schlagen. Theoretisch lässt sich die Schlaglänge noch weiter verbessern.

Körpermaße -18.11

Name	Roberta S.
Club	Frankfurter Golf-Club
Hcp	28,0
Alter	14 Jahre
Gewicht	59 Kg
Größe	186 cm
Armlänge	73 cm
Beinlänge	100 cm
Eisen	5
Schaft	39,5"
Lie	2 upright

186 cm
73 cm
100 cm

-18.11

Rückschwung

Der Schläger startet mit einer Rotation nach innen (B3), im mittleren Teil ist der Schaft deshalb zu flach (B4). Der Schläger überschreitet im Rückschwung die Horizontale.

Schlagfläche und Griff

Die Schlagfläche ist in der Ansprechhaltung neutral (B1), im mittleren Teil offen (B3), im höchsten Punkt geschlossen und im Abschwung dann wieder neutral (B7).

Schaftstellung

Der Schaft ist in der höchsten Position des Schwungs neutral, aber zu weit geschwungen.

Körperposition

Der Oberkörper geht im Rückschwung nach oben (B5) und neigt sich im Abschwung nach vorne (B6).

Resultat: Slice

Abschwung
Obwohl die Spielerin mit dem Oberkörper den Abschwung einleitet, kommt sie etwas unterhalb der neutralen Ebene zum Ball zurück (B7). Der Winkel zwischen Armen und Schläger wird zu früh aufgelöst (B8). Der tiefste Punkt der Schwungkurve ist vor dem Ball.

Durchschwung
Die Hände sind nach dem Treffmoment noch gut zu sehen (B10).

Dynamik
Der Ball wird zu früh getroffen. Die Hände sind im Treffmoment nicht vor dem Ball. Die Handgelenke knicken nach dem Treffmoment etwas ab. So entstehen oft flache Ballflüge mit einer leichten Rechtskurve.

Release
Der linke Arm sollte sich noch etwas mehr strecken (B10).

Frühe Armrotation -18.11

VS.

Used to do.
Der Schläger ist aufrotiert, dabei knickt das linke Handgelenk ein. Unter dem linken Arm ist etwas zu viel Platz.

Need to do.
Der Schlägerkopf ist außen und die Hände sind innen. Der linke Arm ist näher am Körper.

Neutraler Schwung $^{+0.0}$

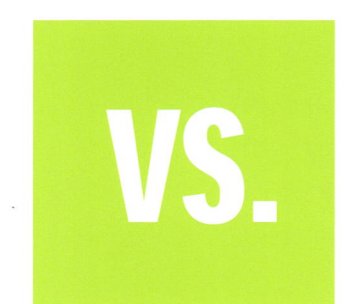

VS.

Used to do.

Der Rückschwung ist zu lang. Bei einer kürzeren Ausholbewegung würde der Schwung technisch viel sauberer aussehen. Die Schlagfläche ist durch einen zu starken Winkel (in diesem Fall im rechten Handgelenk) zu sehr geschlossen.

Need to do.

Ein kürzerer Rückschwung ist leichter zu kontrollieren. In dieser Stellung sollte die Schlagfläche zu sehen, nicht durch Arme oder Körper verdeckt sein.

Outside – Inside -18.12

Draw und Hook.

Der Ball startet nach rechts und fliegt im weiteren Verlauf eine Kurve nach links. Die Spielerin startet mit einem neutralem Rückschwung und schwingt im Abschwung von innen an den Ball. Die Schlagfläche ist im höchsten Punkt des Rückschwungs geschlossen. Mit dieser geschlossenen Schlagfläche spielt man einen Ballflug von rechts nach links.

Der Griff ist stark, die Schlagfläche im höchsten Punkt des Rückschwungs geschlossen. Durch den flachen Abschwung entsteht die Flugkurve von rechts nach links.

Körpermaße -18.12

Name	Rosalie S.
Club	Frankfurter Golf-Club
Hcp	54
Alter	10 Jahre
Gewicht	37 Kg
Größe	152 cm
Armlänge	61 cm
Beinlänge	78 cm
Eisen	5
Schaft	36,0"
Lie	Standard

152 cm
61 cm
78 cm

-18.12

Rückschwung
Der Schläger startet leicht nach außen (B2). Der Schaft ist in der 9-Uhr-Stellung auf der Ebene. Der Rückschwung ist etwas zu lang.

Schlagfläche und Griff
Der Griff ist stark und die Schlagfläche im Rückschwung geschlossen.

Schaftstellung
Der Schaft ist im höchsten Punkt der Schwungkurve in einer guten Ausgangsstellung, um bei eintretender Dynamik auf der richtigen Schwungebene zu bleiben. Der Schläger fällt jedoch auf einer flachen Kurve zurück, was einen Hookfaktor darstellt.

Körperposition
Die Schultern sind im Rückschwung vollständig gedreht. Die Spielerin schiebt die Hüfte im Rückschwung leicht nach rechts.

Resultat: Hook

Abschwung

Der Schläger kommt von innen an den Ball (B7). Nach dem Treffmoment bleibt der rechte Arm etwas zu lange unter dem linken Arm (B10).

Durchschwung

Der Abschwung ist flach (B7). Das Divot zeigt deshalb nach rechts.

Dynamik

Sehr gute Körperdynamik. Die Hüfte ist im Treffmoment nach links gedreht, wobei die Schultern noch in Richtung Ziel zeigen. Der Ball wird spät getroffen.

Release

Weite Streckung der Arme. Die Verlängerung des Schaftes zeigt nach dem Treffmoment gut in den Körpermittelpunkt. Da der Griff stark ist, bleibt der rechte Arm unter dem linken Arm.

Endstellung

Gut ausbalanciert. Gewichtsverlagerung ist vollständig.

Outside – Inside -18.12

VS.

Used to do.

Die Spielerin startet mit dem Schläger nach außen. Im weiteren Verlauf des Schwungs kommt sie von innen an den Ball zurück. Der linke Arm ist zu weit vom Körper weg und müsste mehr Kontakt zum Körper behalten.

Need to do.

Die Lücke zwischen linkem Arm und Körper sollte klein sein. Der Schlägerkopf ist außen und die Hände sind nah am Körper.

Neutraler Schwung $^{+0.0}$

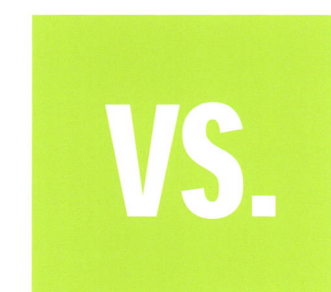

VS.

Used to do.

Der Schläger kommt von innen an den Ball zurück.

Need to do.

Schlägerkopf und Hände sind auf der Ebene.
Arme und Hände sollten nicht zu weit weg vom Körper sein.

Ebenen Hooker -18.13

Schöne Ballflüge mit Draw.

Der Spieler schlägt lange Bälle mit einer leichten Kurve von rechts nach links. Dies ist an sich sehr gut, der einzige Nachteil besteht darin, dass er einen Fade (einen Ballflug von links nach rechts) nicht so gut spielen kann. Trotzdem kann der Spieler mit seiner Kurve im Ballflug gute einstellige Runden spielen.

Der Spieler holt nach innen aus und kommt auch von innen wieder an den Ball zurück. Einen solchen Spielertypus nennt man einen "Ebenenhooker". Der Schlägerkopf muss für diesen Schwungablauf geschlossen sein (links verkantet). Ein gutes Beispiel dafür, dass Golfschwünge nicht perfekt sein müssen, aber dennoch gute Ballflüge erzielen können.

Der Griff mit der rechten Hand ist stark. Der Spieler winkelt die Handgelenke so ab, dass er an Schlaglänge gewinnt. Der Ball rollt sehr weit aus.

Körpermaße -18.13

Name	Lenny B.
Club	Frankfurter Golf-Club
Hcp	9,9
Alter	13 Jahre
Gewicht	50 Kg
Größe	158 cm
Armlänge	65 cm
Beinlänge	76 cm
Eisen	5
Schaft	37"
Lie	Standard

158 cm
65 cm
76 cm

-18.13

Rückschwung
Der Schläger startet stark nach innen (B2). Der Rückschwung ist etwas kurz.

Schlagfläche und Griff
Der Griff ist stark. Besonders mit der rechten Hand greift der Spieler den Schläger von unten. Die Schlagfläche ist daher im Rückschwung geschlossen.

Schaftstellung
Der Schaft ist im höchsten Punkt der Schwungkurve in einer guten Stellung. Der Spieler spielt nur auf einer Ebene, weil er die Hände und Arme kaum hebt und damit beide Ellbogen eng am Körper lässt. Ein simpler, effektiver Schwung. Der Schläger fällt jedoch auf einer flachen Kurve, was einen Hookfaktor darstellt.

Körperposition
Die Schultern sind im Rückschwung vollständig gedreht. Das Gewicht des Unterkörpers bleibt auf dem linken Bein. Der Oberkörper ist dabei hinter dem Ball positioniert.

Resultat: Hook

Abschwung

Der Schläger kommt von innen an den Ball (B7). Nach dem Treffmoment bleibt der rechte Arm etwas zu lange unter dem linken Arm (B10) - eine Folge des starken Griffs.

Durchschwung

Der Schläger ist parallel zur Schwungebene (B11).

Dynamik

Sehr gute Körperdynamik. Die Hüfte ist im Treffmoment nach links gedreht, die Schultern auch. Der Ball wird sehr spät getroffen (B8).

Release

Weite Streckung der Arme. Die Verlängerung des Schaftes zeigt nach dem Treffmoment gut in den Körpermittelpunkt. Der rechte Arm bleibt unter dem linken Arm, weil der Griff stark ist.

Endstellung

Gut ausbalanciert. Gewichtsverlagerung ist vollständig.

Ebenen Hooker -18.13

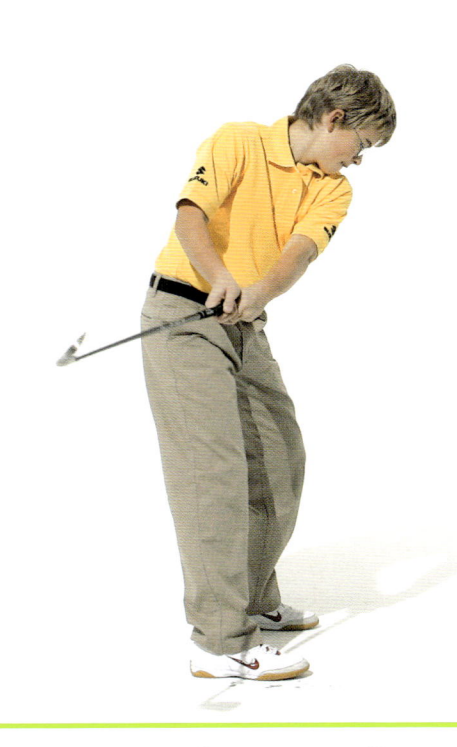

Used to do.
Der Schläger startet unterhalb der Ebene, er ist dabei geschlossen. Der linke Arm liegt schön kompakt am Körper.

Need to do.
Der Schläger ist weiter vor dem Körper. Der Rückschwung ist neutraler und die Bälle fliegen gerader.

Neutraler Schwung $^{+0.0}$

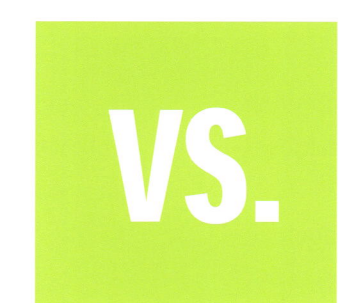

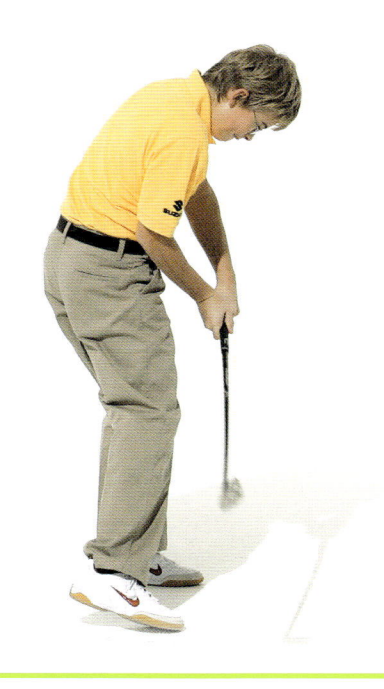

Used to do.

Man sieht in dieser Stellung nicht nur, dass der Schläger von innen an den Ball kommt, sondern man sieht auch den Winkel in der rechten Hand, der für das späte Schlagen verantwortlich ist.

Need to do.

Der Schläger ist auf der Schwungebene und in den Handgelenken ist weniger Winkel gespeichert. Während dadurch ein gerader Ballflug entsteht, würde der Ball mit der Handgelenkstellung des Spielers auf dem linken Bild umso weiter fliegen.

Dorsales Winkeln -18.14

Hohe Flugkurve des Balles.

Der Ballflug des Spielers ist hoch. Die Bälle fliegen manchmal auch nach rechts. Bunkerschläge. Hohe Pitches beherrscht der Spieler perfekt. Im höchsten Punkt des Rückschwungs ist die Schlagfläche geöffnet.

Der Griff ist prinzipiell gut. Der Zeigefinger der rechten Hand ist jedoch zu beachten, führt er doch in dieser Stellung zu einer starken Beweglichkeit der Hände.

So kann er vor allem im Rückschwung zum Öffnen der Schlagfläche führen, deshalb sind auch die Bunkerschläge dieses Spielers so gut, da ein guter Bunkerschlag ein geöffnetes Schlägerblatt erfordert.

Der Griff ist gut. Der Spieler öffnet die Schlagfläche durch ein Winkeln im Handgelenk (dorsal). Der linke Arm beugt sich etwas zu stark. Die Schlagfläche ist im Treffmoment geöffnet.

Körpermaße -18.14

Name	Gustel B.
Club	Frankfurter Golf-Club
Hcp	19,8
Alter	57 Jahre
Gewicht	83 Kg
Größe	179 cm
Armlänge	75 cm
Beinlänge	89 cm
Eisen	5
Schaft	38,0"
Lie	2 upright

179 cm

75 cm

89 cm

-18.14

Rückschwung

Der Schläger startet mit einer Rotation der Arme (B2), um anschließend angewinkelt zu werden (B3). Die Bewegungen laufen nacheinander ab. In der 9-Uhr-Position ist die Stellung annähernd neutral. Im höchsten Punkt des Rückschwungs ist das linke Handgelenk geknickt (dorsal), was die Schlagfläche öffnet.

Schlagfläche und Griff

Der Griff ist neutral, nur der rechte Zeigefinger greift den Schläger in ungewöhnlicher Weise (Pistolengriff). Dies führt zu der geöffneten Stellung der Schlagfläche im höchsten Punkt des Rückschwungs.

Schaftstellung

Der Schaft ist im höchsten Punkt der Schwungkurve gekreuzt. Dabei ist die Schlagfläche geöffnet, was in der Regel in einem Slice resultiert.

Körperposition

Körperposition und Gewichtsverlagerung sind optimal.

Resultat: Slice

Abschwung

Der Schläger kommt auf einer guten Ebene an den Ball (B7). Das Schlägerblatt ist jedoch zu weit geöffnet. Um ein tiefes Divot zu vermeiden, werden die Körperwinkel verlassen. Der Spieler richtet sich auf (B 8,9,10).

Durchschwung

Der Schläger ist nicht parallel zur Schwungebene (B11) und geht in eine hohe Endstellung über.

Dynamik

Im Treffmoment sind die Hände hinter dem Ball.

Dies erhöht die Gefahr fett getroffener Bälle.

Release

Weite Streckung der Arme. Der Schaft zeigt nach dem Treffmoment gut in den Körpermittelpunkt. Die Arme müssen mehr rotieren, da der Schläger etwas unter dem Ball durchrutscht. Dabei entsteht ein dynamischer Loft.

Endstellung

Der betreffende Spieler steht in einer sehr guten Endposition. Normalerweise bleiben Spieler mit diesem Schwung auf dem rechten Bein stehen und fallen in ein Reverse C.

Dorsales Winkeln -18.14

Used to do.

Das linke Handgelenk ist abgeknickt (dorsal). Dadurch verlängert sich der Rückschwung, und die Schlagfläche öffnet sich. Die Hände und Arme stehen ansonsten in einer guten Position.

Need to do.

Der Rückschwung ist kürzer. Zwischen Armen und Schläger besteht ungefähr ein rechter Winkel.

Neutraler Schwung $^{+0.0}$

Used to do.

Das Schlägerblatt bleibt geöffnet. Der Spieler verliert im Abschwung den Winkel in den Handgelenken. Der Schläger wird dadurch länger, weshalb der Spieler seine Körperwinkel verlässt, um nicht zu tief in den Boden zu schlagen.

Need to do.

Der Schläger schließt sich beim Strecken der Arme. Die Körperwinkel können beibehalten werden.

Körperwinkel -18.15

Gerader Ballflug.

Der Spieler kommt zwar etwas unterhalb der Ebene an den Ball zurück, dennoch fliegen die Bälle überwiegend geradeaus. Die schlecht getroffenen Bälle fliegen mit einer Linkskurve.

Der Griff ist neutral. Die Körperwinkel verändern sich. Der Spieler wird im Rückschwung kleiner. Aus dem Verändern der Körperwinkel schöpft er Kraft für die Beschleunigung des Schlägers.

Körpermaße -18.15

Name	Simon D.
Club	Frankfurter Golf-Club
Hcp	3,5
Alter	17 Jahre
Gewicht	62 Kg
Größe	180 cm
Armlänge	70 cm
Beinlänge	92 cm
Eisen	5
Schaft	38,0"
Lie	1 upright

180 cm

70 cm

92 cm

-18.15

Rückschwung
Der Schläger startet nach innen (B2). Der Rückschwung ist gut und die Arme stehen prima. Im Rückschwung geht der Spieler mit dem Oberkörper nach unten.

Schlagfläche und Griff
Der Griff ist gut. Man kann 2 Knöchel der linken Hand sehen, die rechte Hand greift von der Seite. Die Schlagfläche ist neutral.

Schaftstellung
Der Schaft ist im höchsten Punkt der Schwungkurve in einer sehr guten Stellung.

Körperposition
Die Schultern sind im Rückschwung vollständig gedreht. Das Gewicht des Unterkörpers bleibt auf dem linken Bein. Der Stand ist zu breit.

Resultat: Hook

Abschwung
Der Schläger kommt etwas unterhalb der Ebene an den Ball (B7). Nach dem Treffmoment ist der rechte Arm über dem linken Arm (B10). Der tiefste Punkt der Schwungkurve liegt hinter dem Ball. Dadurch wird erst der Ball und dann der Boden getroffen. Schöne Drehung der Hüften.

Durchschwung
Der Schläger ist parallel zur Schwungebene (B11).

Dynamik
Im Treffmoment sind die Hände vor dem Ball. Der Winkel in den Handgelenken wird lange gespeichert und erst kurz vor dem Ball freigegeben.

Release
Weite Streckung der Arme. Der Schaft zeigt nach dem Treffmoment gut in den Körpermittelpunkt. Die Arme haben sehr gut rotiert.

Endstellung
Perfekte Endposition mit großer Rotation der Schultern nach dem Treffmoment. Schönes Beibehalten der Körperwinkel.

Körperwinkel -18.15

VS.

Used to do.

Der Spieler beugt sich nach vorne und verändert seine Körperwinkel.
Die Arme sind in einer perfekten Position.
Der linke Handrücken ist gerade.

Need to do.

Die Körperwinkel sollten beibehalten werden.
Bei einem guten Rückschwung kann man den Hals noch sehen.

Neutraler Schwung $^{+0.0}$

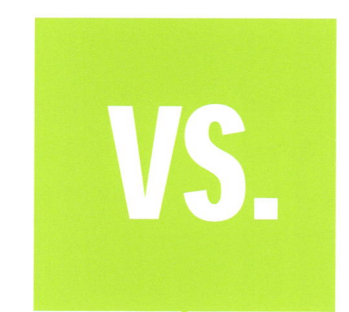

VS.

Used to do.

Auf dem Weg zum Ball muss der Spieler wieder rückgängig machen, dass er im Rückschwung nach unten gegangen ist. Dies erkennt man an der tiefen Kopfhaltung und dem nach oben gedrückten Rücken.

Need to do.

Bleibt der Spieler in seinen Körperwinkeln, so hat er mehr Platz für das Schwingen der Arme.

Viel Winkel -18.16

Flache Ballflugkurve.

Die Bälle fliegen in der Regel gerade, jedoch auch mal mit einem Draw oder Fade. Vor dem Treffmoment ist in den Handgelenken viel Winkel gespeichert. Der Oberkörper ist dabei schon weit in Richtung Ziel gedreht. Eine bemerkenswerte Rückschwungposition: Kurz, und trotzdem mit viel Energie geladen.

Zwischen Arm und Schläger besteht ein rechter Winkel. Der Körper ist sehr gut in die rechte Seite gedreht. Der Schläger kommt knapp unterhalb der Ebene an den Ball.

Ein guter Griff mit einer schwachen rechten Hand. Der Spieler schlägt unter viel Einsatz der Handgelenke. Der Rückschwung ist dynamisch und kurz.

Körpermaße -18.16

Name	Martin
Club	Frankfurter Golf-Club
Hcp	0,1
Alter	15 Jahre
Gewicht	70 Kg
Größe	191 cm
Armlänge	73 cm
Beinlänge	103 cm
Eisen	5
Schaft	39,5"
Lie	Standard

191 cm

73 cm

103 cm

-18.16

Rückschwung
Der Schläger ist in der 9-Uhr-Position neutral (B3). Der Rückschwung ist so kurz, dass man fast nicht sagen kann, ob er gelegt, gekreuzt oder richtig steht. Ein steil stehender Schaft wäre auch schon gekreuzt. Im weiteren Verlauf sieht man, dass die Stellung den richtigen Abschwung herbeiführt. Wäre er gekreuzt, so wäre der Abstand der Arme zum Körper (B7) in der 9-Uhr-Abschwungstellung größer.

Schlagfläche und Griff
Der Spieler hat sehr große Hände. Die Griffe der Schläger sind zwar schon dick, aber immer noch zu dünn. Die Finger wissen kaum, wohin.

Schaftstellung
Der Schaft steht im höchsten Punkt der Schwungkurve sehr gut.

Körperposition
Die Schultern sind im Rückschwung vollständig gedreht. Der Körper steht in einer sehr guten Position (B5). Der Oberkörper ist hinter dem Ball.

Resultat: Slice

Abschwung
Der Schläger kommt etwas unterhalb der Ebene an den Ball (B7). Nach dem Treffmoment ist der rechte Arm über dem linken Arm (B10).

Durchschwung
Der Schläger ist parallel zur Schwungebene (B11).

Dynamik
Im Treffmoment sind die Hände vor dem Ball. Der Winkel in den Handgelenken wird lange gespeichert und erst kurz vor dem Ball freigegeben. Die Schultern zeigen schon nach links vom Ziel. Oft ist dies eine Kompensationsbewegung für eine geöffnete Schlagfläche.

Release
Weite Streckung der Arme, wobei der Schaft nach dem Treffmoment gut in den Körpermittelpunkt zeigt. Die Arme haben sehr gut rotiert und sind trotz der frühen Drehung gut zu sehen. Bei schlechteren Golfschwüngen wären die Hände schon hinter dem Körper verdeckt.

Endstellung
Perfekte Endposition mit großer Rotation der Schultern nach dem Treffmoment. Schönes Beibehalten der Körperwinkel.

Viel Winkel -18.16

VS.

Used to do.

Zwischen Schläger und linkem Arm ist ein rechter Winkel.
Die Hände sind schon kurz vor dem Treffmoment an der linken
Hosentasche angekommen. Der Spieler schlägt also sehr spät.
Die Hände werden sich nun verlangsamen, so dass der Winkel sich auflöst.

Need to do.

Die Hände sind noch weiter vom Treffmoment entfernt.
Eine Lücke zwischen Händen und Hosenbein ist erkennbar.
Dieser Ball wird nicht so spät getroffen werden wie im linken Bild.

Neutraler Schwung $^{+0.0}$

VS.

Used to do.

In dieser Position hat der Spieler seine Schultern
schon in Richtung Ziel geöffnet.
Die Schulterdrehung ist hier mehr horizontal.
Der linke Arm könnte sich noch etwas mehr strecken.

Need to do.

Die Schultern sind weniger in Richtung Ziel gedreht.
Die linke Schulter dreht sich nach oben, hinten. Im Treffmoment
sollten die Schultern parallel in Richtung Ziel gestanden haben.
Beide Arme sind weit nach vorne in den Durchschwung hinein gestreckt.

Translation (Hüfte schieben) -18.17

Hoher Ballflug.

Ein technisch toller Golfschwung. In kürzester Zeit erarbeitet. Gute Positionen in der Ansprechhaltung, im Rückschwung und in den langsamen Bewegungsteilen. Die Beine sind noch zu schnell, woraus sich der hohe Ballflug ergibt. Mit anwachsender Erfahrung wird der Schwung noch kompakter werden.

Da die Beine schnell sind, hängt der Oberkörper etwas hinterher. Der Schwerpunkt des Körpers bleibt hinter dem Ball, und der Ball startet dadurch hoch. Der Ball wird früh getroffen und die Hände sind etwas hinter dem Ball.

**Der Griff ist neutral.
Der Spieler hat eine ausgeprägte seitliche Bewegung (Translation).
Der Rückschwung ist neutral.
Im Wendepunkt des Rückschwungs ist der Schläger ideal positioniert.**

Körpermaße -18.17

Name	Constantin S.
Club	Frankfurter Golf-Club
Hcp	26,0
Alter	19 Jahre
Gewicht	68 Kg
Größe	178 cm
Armlänge	71 cm
Beinlänge	95 cm
Eisen	5
Schaft	38,0"
Lie	Standard

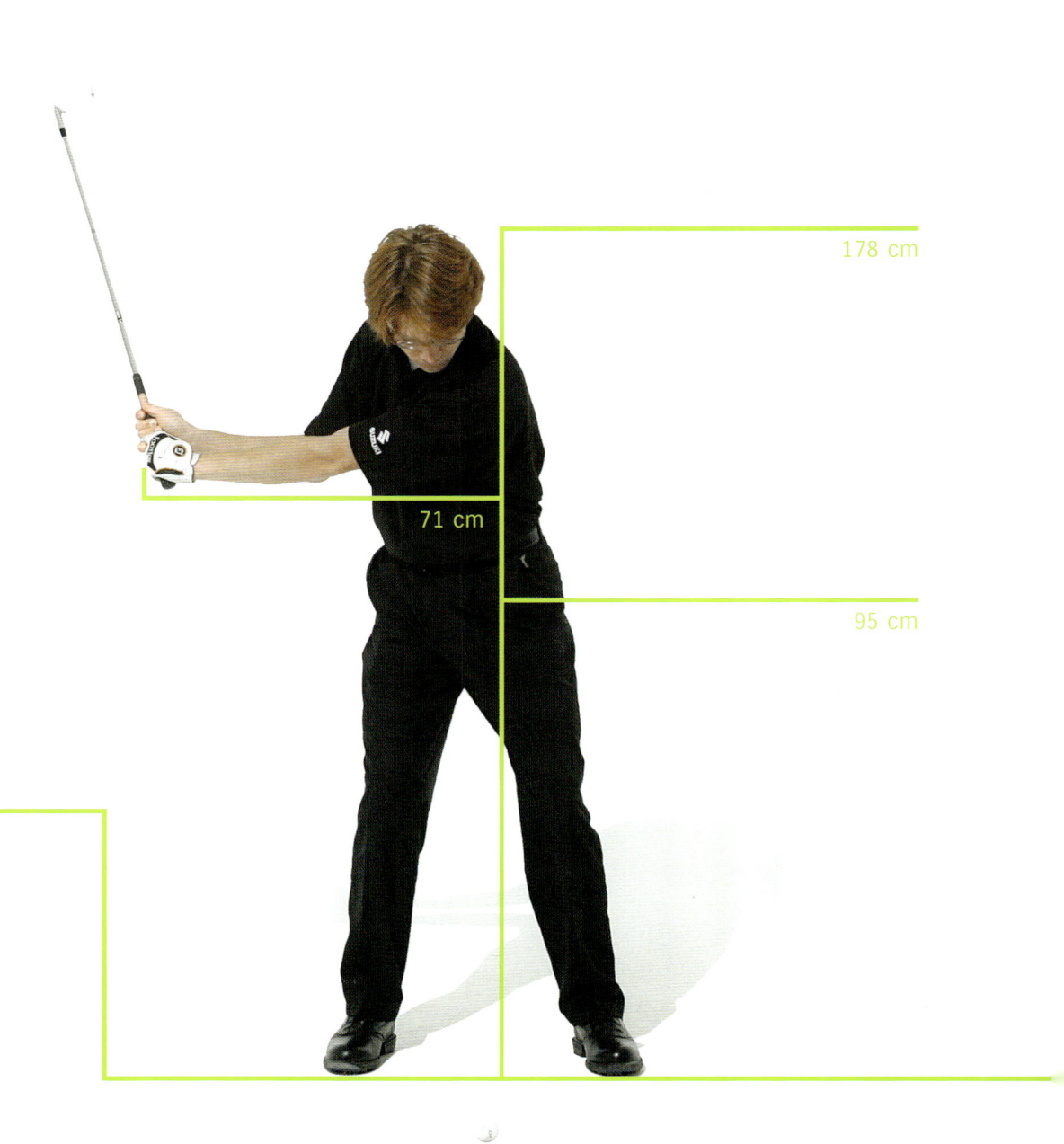

178 cm
71 cm
95 cm

-18.17

Rückschwung
Der Schläger ist in der 9-Uhr-Position (B3) nur unwesentlich unterhalb der Ebene. Der linke Arm liegt perfekt am Körper. Der Rückschwung ist kurz und kompakt. Der Schaft ist im höchsten Punkt gelegt. Er zeigt nach links vom Ziel.

Schlagfläche und Griff
Sowohl Schlagfläche als auch Griff sind sehr neutral. Damit sind die Voraussetzungen für einen geraden Ballflug geschaffen.

Schaftstellung
Von B1 bis B6 nahezu perfekte Stellungen.

Körperposition
Die Schultern sind im Rückschwung nicht vollständig gedreht. Mehr Drehung wäre jedoch nicht von Vorteil, weil der Schläger im Abschwung auf einer guten Ebene ist und mit noch mehr Drehung unter die Schwungebene kommen würde. Im Treffmoment wirkt der Spieler zu nah am Ball, dabei hat er nur die Körperwinkel etwas verlassen (B9).

Resultat: Slice

Abschwung
Die Arme sind schön nah am Körper. Der Schläger kommt unterhalb der Ebene an den Ball (B7). Nach dem Treffmoment ist der rechte Arm unter dem linken Arm (B10).

Durchschwung
Der Schläger ist zu steil zur Schwungebene (B11).

Dynamik
Im Treffmoment sind die Hände hinter dem Ball. Der Winkel in den Handgelenken könnte länger gespeichert werden und sollte erst kurz vor dem Ball freigegeben werden. Die Schultern zeigen beim Treffen nach rechts vom Ziel (B9).

Release
Der Ball wird früh getroffen. Man sieht, dass viel dynamischer Loft entsteht. Der Ball fliegt hoch, weil die Hände etwas abknicken. Der linke Arm müsste nach dem Treffmoment mehr rotieren, der rechte Arm hingegen rotiert gut.

Endstellung
Perfekte Endposition des Körpers, nur der Schläger endet ein wenig hoch.

Translation (Hüfte schieben) [-18.17]

Used to do.
Die Hüfte eilt dem Oberkörper zu sehr voraus.
Die Beine sind zu schnell. Der Ball fliegt hoch.

Need to do.
Der Körper ist passiver und wartet,
dass die Arme sich wieder mit dem Oberkörper verbinden.
Der Ball fliegt flacher.

Neutraler Schwung $^{+0.0}$

VS.

Used to do.

Der linke Arm sollte noch etwas mehr rotieren.
Dies führt zu einem Distanzgewinn
und verringert außerdem die Divotstärke.

Need to do.

Neutraler Durchschwung. Der linke Arm ist auch rotiert.
Man sieht die Innenseite des Unterarms.
Der Griff zeigt in die Körpermitte.

Kein Release $^{-18.18}$

Mehr Länge.

Der Spieler hat bis zum Treffmoment einen sehr sauberen Schwung. Er ist bis dahin zwar leicht überschwungen, aber dennoch auf der Schwungebene. Eine saubere Schwungbewegung. Selbst die Beinarbeit ist gut zu erkennen (B 6,7,8). Ab dem Treffmoment wird der linke Arm kürzer und das Schlägerblatt schließt sich nicht ausreichend.

Der Griff der linken Hand ist schwach. Der linke Arm wird kürzer. Durch Strecken und Rotieren des linken Armes würde der Schläger den Ball besser treffen.

Körpermaße -18.18

Name	Christoph
Club	Frankfurter Golf-Club
Hcp	26,0
Alter	47 Jahre
Gewicht	84 Kg
Größe	189 cm
Armlänge	76 cm
Beinlänge	96 cm
Eisen	5
Schaft	38,0"
Lie	2 upright

189 cm
76 cm
96 cm

-18.18

Rückschwung
Ein sauberer Rückschwung. Der Oberkörper ist leicht nach links ausgerichtet, da man den linken Unterarm nicht sieht. Dies liegt am schwachen Griff der linken Hand.

Schlagfläche und Griff
Da der Griff der linken Hand etwas schwach ist, sehen wir in der 9-Uhr-Stellung (B3) ein offenes Schlägerblatt. Die vordere Kante der Schlagfläche zeigt nach oben.

Schaftstellung
Von B1 bis B7 nahezu perfekte Stellungen.

Körperposition
Die Schultern sind im Rückschwung mehr als vollständig gedreht.

Resultat: Slice

Abschwung
Die Arme sind schön nah am Körper. Der Schläger kommt auf der Ebene an den Ball (B7).

Durchschwung
Da die Hände schnell hinter dem Körper verborgen werden und der Schlägerkopf auf die Innenkurve kommt, ist der Durchschwung etwas steil (B11).

Dynamik
Im Treffmoment sind die Hände hinter dem Ball. Der Winkel in den Handgelenken könnte länger gespeichert werden und sollte erst kurz vor dem Ball frei gegeben werden. Die Schultern zeigen im Treffmoment nach rechts vom Ziel (B9).

Release
Der Ball wird früh getroffen. Man sieht, dass viel dynamischer Loft entsteht. Der Ball fliegt hoch. Der linke Arm müsste nach dem Treffmoment mehr rotieren. Der rechte Arm ist rotiert. In B10 sollten die Arme sich weiter nach unten strecken, damit die Schlagfläche sich schließt.

Endstellung
Perfekte Endposition des Körpers, nur der Schläger endet ein wenig hoch.

Kein Release $^{-18.18}$

VS.

Used to do.
Die Arme sollten sich nach dem Treffmoment strecken.
Der linke Arm bleibt unter dem rechten Arm.

Need to do.
Die Arme strecken sich nach vorne.
Der rechte Handrücken sollte in dieser Position zu sehen sein.

Neutraler Schwung $^{+0.0}$

VS.

Used to do.

Die Endstellung zeigt eine Schwungbewegung, bei der die Schlagfläche nicht vollständig geschlossen wurde. Der rechte Arm bleibt unter dem linken Arm.

Need to do.

Das Schlägerblatt wurde durch den Release geschlossen, und die Schaftebene ist flacher. Der rechte Arm geht über den linken Arm.

Lateraler flacher Schwung -18.19

Eine Endstellung wie Ben Hogan.

Der Spieler spielt überwiegend gerade Bälle. Durch seine sehr gute Fitness erreicht er auch sehr gute Schlagweiten. Schlecht getroffene Bälle fliegen nach links, sind fett oder dünn getroffen.

Auch Ben Hogan hatte eine tiefe Stellung der Arme und war dadurch sehr hookgefährdet. Bei der für ihn typischen Endstellung befand sich der Schläger horizontal hinter dem Kopf.

**Der Griff ist gut.
Die tiefe Stellung der Arme erhöht die Gefahr, erst den Boden und dann den Ball zu treffen.
Kompakter Rückschwung mit starkem Einsatz der Handgelenke.**

Körpermaße -18.19

Name	Bernd C.
Club	Frankfurter Golf-Club
Hcp	11,1
Alter	47 Jahre
Gewicht	75 Kg
Größe	180 cm
Armlänge	75 cm
Beinlänge	93 cm
Eisen	5
Schaft	38,5"
Lie	3 upright

180 cm

75 cm

93 cm

-18.19

Rückschwung
Der Schläger ist in der 9-Uhr-Position (B3) unterhalb der Ebene. Der Rückschwung ist kurz und kompakt. Der Schaft ist im höchsten Punkt gelegt. Er zeigt nach links vom Ziel. Der Körper bewegt sich in der ersten Phase des Schwungs stark seitlich.

Schlagfläche und Griff
Der Griff ist neutral. Im höchsten Punkt des Rückschwungs hat der Spieler viel radialen Winkel (B5), weshalb der Winkel zwischen Arm und Schläger nicht rechtwinklig ist. Dadurch öffnet sich die Schlagfläche geringfügig. Das linke Handgelenk ist damit nicht ganz gerade, sondern etwas geknickt.

Schaftstellung
Der Schaft steht in der höchsten Position optimal gelegt.

Körperposition
Etwas zu seitliche Bewegung im Rückschwung. Die Stellung des Körpers nach dem Rückschwung ist sehr gut (B5). Im Abschwung verlässt der Spieler etwas seine Körperwinkel und richtet sich dadurch ein wenig auf.

Resultat: Hook

Abschwung

Der Schläger kommt auf der Ebene an den Ball (B7). Der Winkel in den Handgelenken wird etwas zu früh aufgelöst.

Durchschwung

Die Hände und Arme sind nach dem Treffmoment noch gut zu sehen (B11). Dies ist ein Zeichen für eine Schwungkurve, die nicht steil, sondern neutral oder von innen kommt.

Dynamik

Die Hände sind im Treffmoment hinter dem Ball. Der Winkel in den Handgelenken könnte länger gehalten werden und sollte erst kurz vor dem Ball freigegeben werden, damit der Spieler seine Körperwinkel länger beibehalten kann.

Release

Der Ball wird früh getroffen. Man sieht, dass viel dynamischer Loft entsteht. Der Ball fliegt hoch, weil die Hände etwas abknicken. Dies erklärt auch das Problem der dünn und fett getroffenen Bälle.

Endstellung

Like Ben Hogan!

Lateraler flacher Schwung -18.19

Used to do.
Die Arme und der Schläger nähern sich dem Ball auf einer flachen Ebene.

Need to do.
Hier befinden sich die Hände weiter vorne und erzeugen so mehr Eintreffwinkel.

Neutraler Schwung +0.0

Used to do.
Der Schläger steht flacher, fast horizontal.

Need to do.
Der Schläger steht steiler und zeigt mehr in Richtung Boden.

Radius Rückschwung -18.20

Flache Flugkurve.

Der Ball fliegt in der Regel gerade und flach. Viele Bälle sind jedoch dünn, und der Spieler spielt fast ohne Divot. Durch den starken Griff ergibt sich auch eine gute Schlagweite. Die Bälle rollen weit aus.

Der Griff ist stark. Ein kurzer Schwung mit starkem Griff. Der Spieler kann durch heben der Arme seinen Schwung noch weiter verbessern. Im Abschwung muss er Bodenkontakt vermeiden.

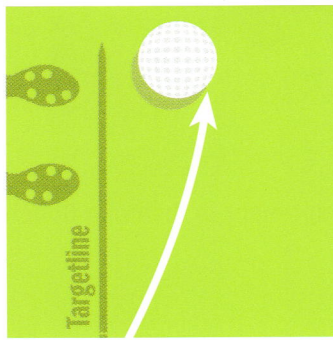

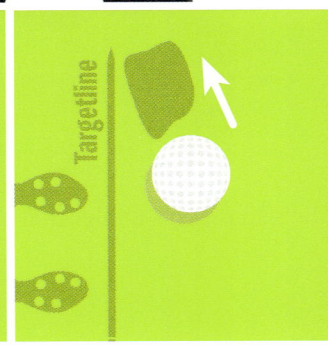

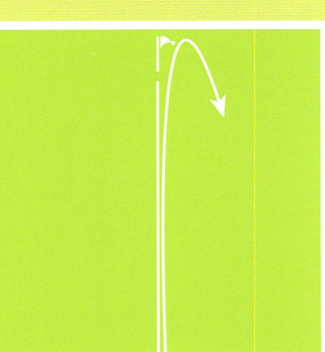

Körpermaße -18.20

Name	Horst G.
Club	Frankfurter Golf-Club
Hcp	30,7
Alter	71 Jahre
Gewicht	82 Kg
Größe	179 cm
Armlänge	77 cm
Beinlänge	90 cm
Eisen	5
Schaft	38,0"
Lie	Standard

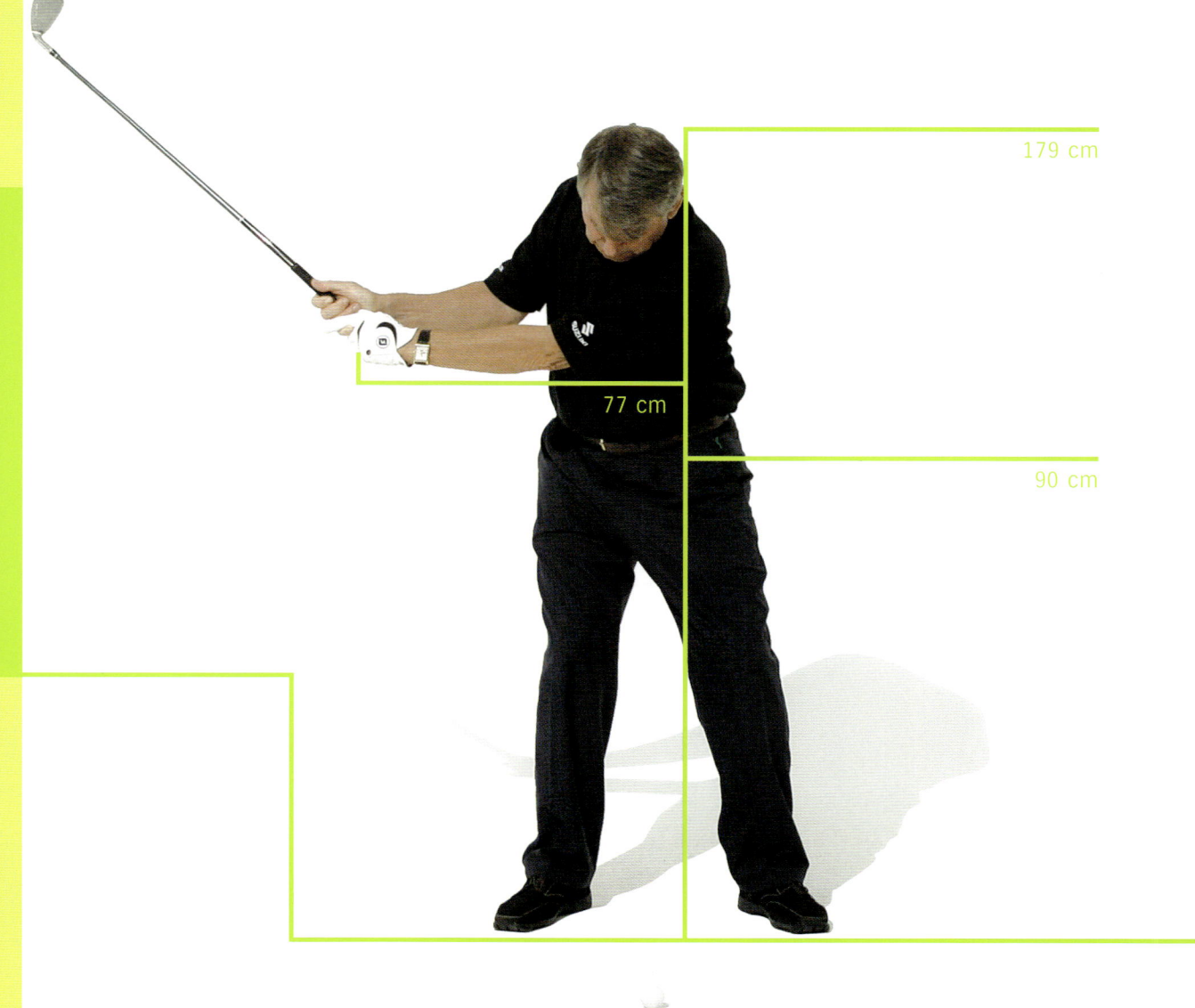

179 cm
77 cm
90 cm

-18.20

Rückschwung
Der Spieler steht gut hinter dem Ball und man kann sehr gut den linken Unterarm sehen. Dies ist nötig, damit der Spieler genügend von innen an den Ball kommt, da er einen starken Griff hat.

Schlagfläche und Griff
Der Griff ist stark und die Schlagfläche im ganzen Schwung trotzdem neutral: Im Treffmoment ist sie auch gerade, sonst könnte der Ball auch nicht geradeaus fliegen.

Schaftstellung
Der Schaft steht in der höchsten Position gut.

Körperposition
Etwas seitliche Bewegung im Rückschwung. Eine gute Gewichtsverlagerung und ein sehr guter Radius. Die Hände stehen weit neben dem Kopf. Die Körperwinkel werden auch im Treffmoment sehr gut gehalten.

Resultat: Slice

Abschwung
Der Schläger kommt auf der Ebene zurück zum Ball (B7). Im Treffmoment ist der Schläger auf der Ebene. Der rechte Ellbogen ist sehr gut an die rechte Seite gedrückt. Man sieht erneut – wie schon in der Ansprechhaltung – den linken Unterarm. Diese Armstellung hilft dem Spieler, von hinten und innen an den Ball zu kommen und die Schlagfläche nicht zu früh zu schließen.

Durchschwung
Die Hände und Arme sind nach dem Treffmoment noch gut zu sehen (B10).

Dynamik
Im Treffmoment sind die Hände hinter dem Ball (B9).

Release
Der Ball wird früh getroffen. Die Handgelenke knicken ab.

Endstellung
Ausgewogen und balanciert.

Radius Rückschwung -18.20

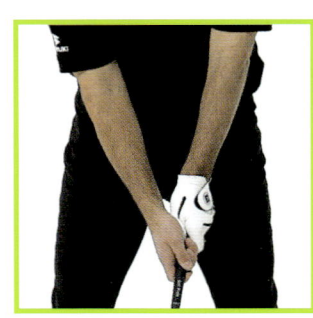

Used to do.

Eine ideale Ansprechhaltung. Die Hände sind vor dem Ball. So ist es leicht, seinen Griff auf Dauer beizubehalten. Lässt der Spieler den Schaft dagegen in die Mitte des Körpers zeigen, so kann es sein, dass die linke Hand den Schläger zu schwach greift.

Need to do.

Da die rechte Hand unter der linken Hand greift, stehen die Schultern etwas geneigt. Die rechte Schulter steht tiefer als die linke Schulter.

Neutraler Schwung $^{+0.0}$

VS.

Used to do.

Schöne Startphase des Schwungs. Das Körpergewicht hat sich nach rechts verlagert. Die Arme und der Schläger beschreiben einen weiten, großen Radius. Der Schlägerkopf bewegt sich auf dem längstmöglichen Weg. Auch Jack Nicklaus spielt so und winkelt erst im letzten Teil des Schwungs den Schläger ab.

Need to do.

Der Kopf rotiert im Rückschwung mit.
Dies nimmt die Belastung von der Wirbelsäule, besonders im oberen Teil.
Halten Sie den Kopf nicht starr über dem Ball.
Der Kopf bewegt sich im Rückschwung einige Zentimeter nach rechts.

Arme hoch -18.21

Die Ballflugkurve geht nach links (Draw).

Dieser Spieler spielt einen schönen Draw. Die Bälle sind jedoch manchmal etwas flach, weshalb sie sich besonders gut für das Spiel gegen den Wind eigen. Wenn andere Spieler mit hohen Bällen Schwierigkeiten haben, ist dieser Spieler in seinem Element.

Mit mehr Winkel in den Handgelenken würde der Ball höher und noch etwas weiter fliegen. Im höchsten Punkt wäre der Schaft dann in einer horizontaleren Stellung.

Der Griff ist neutral. Der Spieler hat im Rückschwung wenig radialen Handgelenkseinsatz. Mit mehr Winkel könnte eine größere Schlagweite erzielt werden.

Körpermaße -18.21

174 cm

72 cm

87 cm

Name	Hero B.
Club	Frankfurter Golf-Club
Hcp	19,2
Alter	65 Jahre
Gewicht	74 Kg
Größe	174 cm
Armlänge	72 cm
Beinlänge	87 cm
Eisen	5
Schaft	38,0"
Lie	2 flat

-18.21

Rückschwung

Der Schläger ist in der 9-Uhr-Position (B3) auf der Ebene. Der Schläger wird durch Beugen des linken Handgelenkes (palmar) geschlossen. Ein geschlossenes Schlägerblatt lässt den Ball immer flacher fliegen als ein geöffnetes. Der Rückschwung ist kurz und die Arme zu hoch. In den Handgelenken fehlt etwas Winkel (radial). Der Schaft ist im höchsten Punkt gekreuzt.

Schagfläche und Griff

Der Griff ist in der rechten Hand ein wenig stark. Sie greift etwas zu sehr von unten. Dies ist ein Hookfaktor.

Schaftstellung

In der höchsten Position steht der Schaft in Richtung Ziel.
Er gilt als gekreuzt, obwohl er nicht nach rechts vom Ziel zeigt.

Körperposition

Schöne Körperbewegung mit sehr guter Beinarbeit und kraftvoller Spannung in den Beinen. Der Oberkörper könnte sich ein wenig mehr nach rechts bewegen. Die Stellung des Körpers nach dem Rückschwung ist perfekt (B5).

Resultat: Hook

Abschwung
Der Schläger kommt auf der Ebene zurück zum Ball (B7). Die Arme starten den Abschwung, und so ist der rechte Ellbogen an der rechten Seite des Körpers. Man sieht erneut – wie in der Ansprechhaltung – den linken Unterarm. Dies hilft, auf der Ebene an den Ball zu kommen. Die Schultern zeigen nach rechts vom Ziel, wodurch der Draw entsteht.

Durchschwung
Die Hände und Arme sind nach dem Treffmoment etwas früh verdeckt (B10).

Dynamik
Der Winkel in den Handgelenken wird etwas früh gelöst (B8).

Release
Die Arme könnten sich noch etwas weiter strecken (B10). Das Schlägerblatt hat sich nicht vollständig geschlossen. Trotzdem ist der Ballflug ein Draw.

Endstellung
Der Körper steht ausgewogen und balanciert. Die Arme stehen tief.

Arme hoch -18.21

Used to do.
Die Arme sind etwas hoch und die Handgelenke könnten noch mehr winkeln. Bringt der Spieler die Arme im Abschwung wieder in die Breite nach rechts, so ist der Schwung ab da wieder neutral.

Need to do.
Der Rückschwung ist kürzer und die Hände stehen tiefer und weiter rechts. Sie machen den Schwung breiter. Es ist so viel Winkel in den Handgelenken vorhanden, dass der linke Arm und der Schläger einen rechten Winkel bilden.

Neutraler Schwung $^{+0.0}$

VS.

Used to do.

Die Arme schwingen etwas früh nach innen, wodurch die Hände früh vom Körper verdeckt werden. Das Schlägerblatt ist noch nicht vollständig geschlossen.

Need to do.

Die Arme und Hände schwingen entlang der "hittingline" nach rechts, strecken sich und schließen den Schläger. Sie sollten in dieser Position noch frei zu sehen sein.

Verlassen der Körperwinkel -18.22

Zwei Ballflugkurven.

Ein großer Spieler, welcher sehr weite Bälle schlagen kann. Der Ball fliegt sofort geradeaus, wenn er die Körperwinkel im Rückschwung beibehält. Die ansonsten gute Technik macht sich dann sofort bemerkbar. Verlässt er jedoch die Körperwinkel, so ist das Resultat ein Ballflug mit Rechtsdrall.

Der Griff ist stark. Wenn der Spieler die Körperwinkel beibehält, hat er eine sehr gute Rückschwungposition. Mit dieser Position fliegt der Ball sehr gerade. Verlässt er sie, sliced der Ball.

Körpermaße -18.22

196 cm

103 cm

Name	Klaus R.
Club	Frankfurter Golf-Club
Hcp	14,8
Alter	63 Jahre
Gewicht	86 Kg
Größe	196 cm
Armlänge	90 cm
Beinlänge	103 cm
Eisen	5
Schaft	39,5"
Lie	3 upright

-18.22

Rückschwung
Der Schläger ist in der 9-Uhr-Position (B3) unterhalb der Ebene. Der Schläger ist etwas geschlossen (palmar). Ein geschlosseneres Schlägerblatt lässt den Ball immer flacher fliegen als ein geöffnetes.

Schagfläche und Griff
Der Griff ist ein wenig stark. Die Hände greifen den Schläger etwas zu sehr von rechts. Dies ist ein Hookfaktor.

Schaftstellung
In der höchsten Position steht der Schaft in Richtung Ziel (B5). Wäre der Schläger im höchsten Punkt gekreuzt, so machte sich dies im Abschwung sofort bemerkbar (B7). Die Arme und Schläger sind dann weit vom Körper entfernt. Dies ist für jeden Schwung von Nachteil.

Körperposition
Schöne Körperbewegung mit sehr guter Beinarbeit und Gewichtsverlagerung (B4). Der Oberkörper könnte sich ein wenig mehr nach rechts bewegen. Die Stellung des Körpers nach dem Rückschwung ist perfekt (B5).

Resultat: Slice

Abschwung
Der Schläger kommt auf der Ebene zurück zum Ball (B7). Die Arme starten den Abschwung. Der Abstand der Arme zum Körper ist gut, und Hände und Schläger sind auf der Ebene.

Durchschwung
Die Hände und Arme bilden eine steile, hohe Durchschwungstellung (B11).

Dynamik
Der Winkel in den Handgelenken wird etwas früh gelöst (B8).

Release
Der Schläger wird etwas früh entwinkelt. Trotzdem werden die Arme weit gestreckt (B10). Das Schlägerblatt wird vollständig geschlossen (B10).

Endstellung
Der Körper steht vollständig auf dem linken Bein. Der Rücken ist gerade und die Wirbelsäule dadurch entlastet (B12).

Verlassen der Körperwinkel -18.22

VS.

Used to do.

Sehr gute Körperwinkel in dieser Ansprechhaltung. Gute Distanz zum Ball.
Die Arme hängen nach unten,
und zwischen Schläger und Armen besteht der richtige Winkel.

Need to do

Beugt sich der Körper, so entstehen Körperwinkel.
Neigt sich der Oberkörper weit nach vorne, entsteht viel Platz.
Dies ist ein Hookfaktor.
Steht der Oberkörper aufrechter, so steht der Spieler näher am Ball.

Neutraler Schwung $^{+0.0}$

VS.

Used to do.

Der Spieler richtet sich auf und verlässt die Körperwinkel. Dies ist nach einem schwachen Griff einer der größten Slicefaktoren. Im Übrigen eine sehr gute Position.

Need to do.

Hier wurden die Körperwinkel nach der Rückschwungdrehung beibehalten. Die Arme sind etwas tiefer als auf dem Bild links. Das ist ein Hookfaktor.

Hoher Durchschwung -18.23

Sehr hoher Ballflug.

Der Spieler hatte bislang zwei große Hookfaktoren in seinem Schwung: Tiefe Arme und einer geschlossene Schlagfläche. Das Resultat bestand darin, dass viele Bälle nach links flogen. Wie in der Schwungreihe unten zu sehen ist (B5), sieht der Rückschwung mittlerweile annähernd neutral aus. Die Schlagfläche steht neutral zum Unterarm und die Arme haben eine höhere Position. Doch der Durchschwung passt noch nicht zu dem verbesserten Rückschwung (B9). Er lässt die Schlagfläche lange offen. So entsteht sehr viel dynamischer Loft, der den Ball vor allem hoch fliegen lässt. Außerdem kann der Ball nach rechts fliegen.

Der hohe Durchschwung zeigt, dass der Spieler versucht, durch eine Ausgleichbewegung gegen das Hooken zu arbeiten. Im Durchschwung kommt es so zu einem riesigen Radius, der durch großes Strecken der Arme entsteht.

Der Griff ist neutral. Durch den großen Schwungradius erzielt der Spieler sehr große Schlagweiten. Im Rückschwung bewegt sich der Schläger neutral auf der Schwungebene.

Körpermaße -18.23

200 cm
81 cm
110 cm

Name	Oliver H.
Club	Hofgut Praforst
Hcp	18
Alter	34 Jahre
Gewicht	89 Kg
Größe	200 cm
Armlänge	81 cm
Beinlänge	110 cm
Eisen	5
Schaft	40,5"
Lie	4 upright

-18.23

Rückschwung
Der Schläger ist vollkommen neutral und mustergültig gestartet (B2, B3). Der Schaft ist in der 9-Uhr-Stellung auf der Ebene. Anschließend startet der Hub der Bewegung und die Arme werden gehoben. Die Drehung des Oberkörpers ist groß.

Schlagfläche und Griff
Der Griff ist gut und die Schlagfläche im Rückschwung neutral.

Schaftstellung
Der Schaft steht im höchsten Punkt der Schwungkurve in einer guten Stellung, die es ermöglicht, bei eintretender Dynamik auf der richtigen Schwungebene zu bleiben. Ob der Schaft gekreuzt ist, lässt sich jedoch schwer sagen. Zwar zeigt der Schaft nach rechts vom Ziel, doch kann dies auch aus der großen Schulterdrehung resultiert sein. Je weiter nämlich der Spieler sich im Rückschwung dreht, desto mehr zeigt der Schaft nach rechts vom Ziel. Im Abschwung ist jedoch kein negativer Einfluss zu erkennen, der aus einer gekreuzten Schaftstellung resultieren sein könnte, da die Arme zum Körpermittelpunkt, nah an den Körper, zurückkommen.

Körperposition
An dieser Rückschwungposition erkennt man, dass ein Golfschwung eine drehende und eine seitliche Komponente hat (B6).

Resultat: Slice

Abschwung
Der Schläger kommt von innen und oben an den Ball (B7). Nach dem Treffmoment bleibt der rechte Arm etwas zu lange unter dem linken Arm (B10). Deshalb fliegt der Ball auch sehr hoch.

Durchschwung
Der Durchschwung ist steil (B11, 12) und die Arme enden sehr hoch. Die Stellung im Durchschwung ist beeindruckend (B11).

Dynamik
Sehr gute Körperdynamik. Die Hüfte und die Schultern sind im Treffmoment nach links gedreht. Der Ball wird früh getroffen.

Release
Weite Streckung der Arme. Der Schaft zeigt nach dem Treffmoment gut in den Körpermittelpunkt und außerdem genügend in Richtung Boden. Die Bewegung hat also ausreichend Eintreffwinkel. Der rechte Arm bleibt unter dem linken Arm.

Endstellung
Vollständig auf der linken Seite.

Hoher Durchschwung -18.23

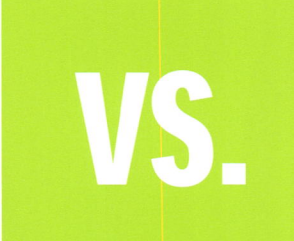

Used to do.
Der rechte Arm bleibt unter dem linken Arm.
Dies ergibt einen hohen Ballflug.

Need to do.
Die Arme werden beide weit gestreckt. Das Schlägerblatt schließt sich, und der Ballflug ist flacher. Würde der Spieler seinen Körperschwerpunkt mehr nach rechts legen und mehr hinter dem Ball bleiben, so würde der Ball auch mit dieser Stellung höher fliegen.

Neutraler Schwung $^{+0.0}$

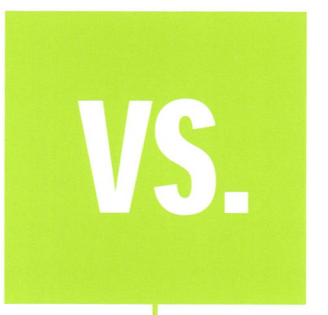

VS.

Used to do.

Hohe Endstellung der Arme. Der Schaft befindet sich über dem Kopf. Endstellungen zeigen, was im Golfschwung abgelaufen ist. Diese spezifische Endposition ist entstanden, weil der Spieler versucht hat, einen Hook zu vermeiden.

Need to do.

Die Arme sind hier tiefer, und der Schläger liegt auf der Schulter. Eine normale Endstellung für einen geraden Ballflug.

Tiefe Arme -18.24

Gerader Ballflug.

Der Rückschwung des Spielers ist in der 9-Uhr-Rückschwung-Position und in der 9-Uhr-Abschschwungstellung jeweils neutral. Im höchsten Punkt sind die Arme tief und der Schlägerschaft gekreuzt. Das Bild unten zeigt die Position, die der Spieler eingenommen hat, als er aufgefordert wurde, nur einen Rückschwung zu machen. Die Arme sind zwar immer noch tief, aber der Schaft zeigt genau in die richtige Richtung. Der Spieler weiß also, wie ein richtiger Rückschwung ablaufen muss, er bekommt nur seine Arme nicht in die richtige Position. Gezieltes Stretching würde eine Verbesserung der Körperbeweglichkeit und dadurch ein besseres Heben der Arme ermöglichen.

Der Griff ist neutral. Der Spieler kann durch Heben der Arme seinen Schwung noch weiter verbessern. Im Abschwung muss er frühen Bodenkontakt vermeiden.

Körpermaße -18.24

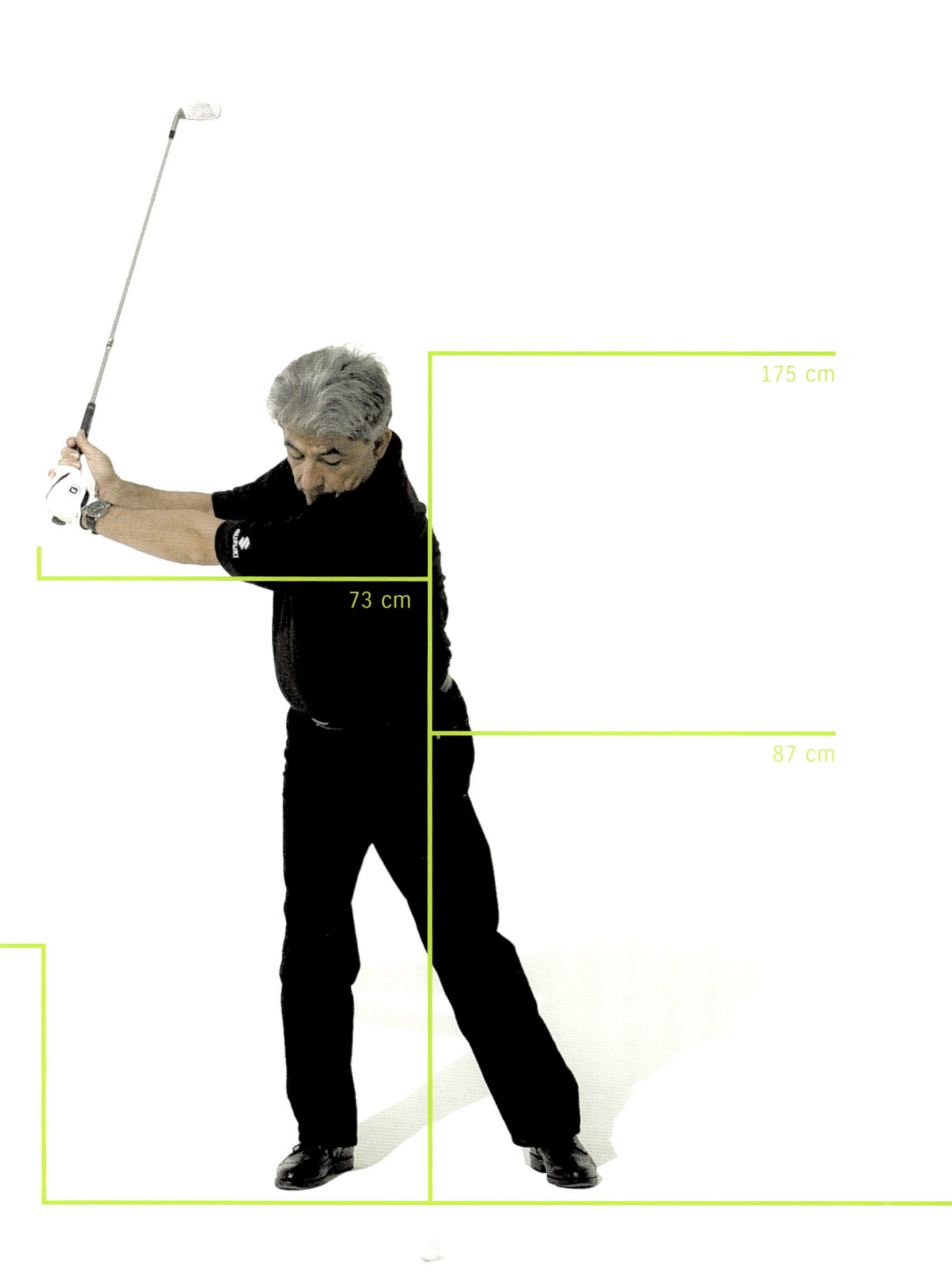

Name	....	Hans Jürgen L.
Club	....	Frankfurter Golf-Club
Hcp	....	11,5
Alter	....	53 Jahre
Gewicht	......	84 Kg
Größe	....	175 cm
Armlänge	.....	73 cm
Beinlänge	.....	87 cm
Eisen	....	5
Schaft	....	38,0"
Lie	....	2 flat

175 cm
73 cm
87 cm

-18.24

Rückschwung
Der Schläger ist bis zum mittleren Teil vollkommen neutral gestartet (B4). In der höchsten Position sind die Arme tief und der Schaft gekreuzt. Aus dieser Position heraus würden Schläger und Arme normalerweise den Abstand zum Körper vergrößern. In der 9-Uhr-Abschwungstellung wäre der Abstand von den Händen zum Körper groß. Bei diesem Spieler kommen aber die Hände und der Schläger wieder nah an den Körper heran.

Schlagfläche und Griff
Der Griff ist gut und die Schlagfläche im Rückschwung neutral.

Schaftstellung
Alle Stellungen (außer auf Bild 5) sind annähernd neutral, besonders gut sind die 9-Uhr-Rück- und Abschwungsstellung.

Körperposition
Der Körper steht sehr gut durch den ganzen Schwung hindurch, außer im höchsten Punkt des Rückschwungs. Hier hat der Spieler ein leichtes C, welches Reverse Pivot genannt wird.

Resultat: Draw

Abschwung

Der Schläger sollte durch seine Stellung im Abschwung eigentlich zu Problemen führen und die Distanz vergrößern, tut dies aber nicht. Dies hängt mit dem Trainingsstatus des Spielers zusammen. Ein Spieler, der nicht häufig Feedback bekommt, hätte sicherlich nicht diese gute 9-Uhr-Abschwungstellung (B7). Die Beine sind in der 9-Uhr-Abschwungstellung zu sehr gebeugt. Dies ist bei Spielern mit tiefen Armen oft zu beobachten, da der Schwungboden zu hoch ist und sie den Ball sonst toppen würden.

Durchschwung

Der Schläger kommt vorne parallel zur Schaftebene heraus (B11).

Dynamik

Der Ball wird spät getroffen. Er startet daher flach.

Release

Die Hände sind nach dem Treffmoment noch gut zu sehen.

Endstellung

Mit vollständiger Drehung auf der linken Seite.

Tiefe Arme -18.24

Used to do.
Der Schläger ist tief und gekreuzt.
Aus dieser Position lassen sich dünne und fette Bälle produzieren.

Need to do.
Bei diesem kurzen Rückschwung stimmt die Schaftstellung und dadurch auch der Eintreffwinkel.

Neutraler Schwung $^{+0.0}$

VS.

Used to do.

Der Spieler steht zu sehr in den Beinen gebeugt. Es wäre nicht hilfreich, ihm einfach nur zu sagen, dass er sich größer machen soll. Man muss auch die Rückschwungstellung berücksichtigen. Würde er sich einfach größer machen, so würde er den Ball toppen.

Need to do.

Die Beine sind mehr gestreckt.
Im Übrigen sind die Positionen sich sehr ähnlich.

Kreuzen -18.25

Starker Griff und Armrotationen.

Der Spieler hat durch seinen starken Griff, besonders mit dem Griff der rechten Hand, Schwierigkeiten mit den Hölzern vom Boden. Gute Bälle fliegen mit einem Draw, schlechte Bälle werden nach rechts geblockt. Wenn man nun die rechte Hand etwas neutralisiert, so dass sie den Schläger mehr von der Seite und nicht von unten greift, so verbessert sich sofort die geschlossene Schlagfläche im höchsten Punkt des Schwungs und im Treffmoment. Dies ermöglicht es dem Spieler, den Release richtig durchzuführen. Er kann dann wieder die Arme strecken und den Schläger durch den Treffmoment hindurch schließen.

Der Griff ist sehr stark. Das Schlägerblatt ist geschlossen, was einen Hookfaktor darstellt. Das geknickte linke Handgelenk ist dagegen ein Slicefaktor.

Körpermaße -18.25

Name	Gerd S.
Club	Frankfurter Golf-Club
Hcp	18,5
Alter	63 Jahre
Gewicht	90 Kg
Größe	187 cm
Armlänge	76 cm
Beinlänge	99 cm
Eisen	5
Schaft	39,5"
Lie	2 upright

187 cm
76 cm
99 cm

-18.25

Rückschwung

Der Schläger ist vollkommen neutral bis zum mittleren Startteil (B4). In der 9-Uhr-Abschwungstellung ist der Abstand von den Händen zum Körper groß. In der höchsten Position sind die Arme tief und der Schaft ist gekreuzt. Aus dieser Position heraus ergibt sich ein Problem für den Abschwung: So werden der Schläger und die Arme den Abstand zum Körper vergrößern, da auch der Schläger in eine flache Stellung fällt (B8). Der Schläger kommt dann von innen an den Ball. Es ergeben sich damit folgende Möglichkeiten des Ballfluges: Der Ball kann gerade nach rechts fliegen oder nach links hooken.

Schlagfläche und Griff

Der Griff ist stark, die Schlagfläche ist geschlossen.

Schaftstellung

Im höchsten Punkt des Rückschwungs gekreuzt, mit abgeknicktem Handgelenk (dorsal). Hierdurch versucht der Spieler, die Schlagfläche zu öffnen, die durch den Griff von vornherein sehr geschlossen ist.

Körperposition

Gute seitliche Bewegung, um den fetten Ballkontakt zu vermeiden. Die seitliche Bewegung in den Ball nennt man Translation (B7, B8, B9, B10).

Resultat: Draw

Abschwung
Der Spieler löst den Winkel im Abschwung früh auf. Der Schläger droht nun zu früh den Boden zu berühren. Um dies zu verhindern, bewegt er seine Hüften seitlich in Richtung Ball, um den tiefsten Punkt der Schwung-kurve nach vorne zu verlagern.

Durchschwung
Da der Spieler gefährdet ist, einen Hook zu spielen, gehen die Arme auseinander. Das geschieht, weil der rechte Arm unter dem linken Arm bleibt, damit die Schlagfläche sich nicht schließt (B11). Der Spieler bleibt lange seitlich hinter dem Ball (B10). Er hat prinzipiell wenig Armrotation in seinem Schwung.

Dynamik
Der Spieler schlägt zu früh. Der Winkel in den Handgelenken wird früh aufgelöst.

Release
Die Hände sind nach dem Treffmoment noch gut zu sehen.

Endstellung
Das Körpergewicht lastet am Ende hauptsächlich auf dem linken Bein.

Kreuzen -18.25

Used to do.

Der Schläger kreuzt die Ball-Ziellinie.
Die Arme gehen auseinander,
der rechte Ellbogen entfernt sich vom Körper.
Er muss im Abschwung erst wieder
an den Körper herangebracht werden.

Need to do.

Beide Ellbogen sind vor dem Körper.
Der rechte Ellbogen soll nach unten zeigen und nah am Körper sein.
Je mehr die Arme im Rückschwung gehoben werden,
desto mehr müssen sie im Abschwung wieder gesenkt werden.

Neutraler Schwung $^{+0.0}$

Used to do.

Der tiefste Punkt der Schwungkurve liegt vor dem Ball, weil der Winkel in den Handgelenken früh gelöst wurde. Durch seitliche Bewegung des Körpers und der Beine wird der tiefste Punkt weiter nach vorn verschoben.

Need to do.

Kurz vor dem Treffmoment, wenn die Hände schon fast am Ball angekommen sind, sollte noch ein Winkel zwischen den Armen und dem Schläger vorhanden sein. Das Divot wird so erst nach dem Ballkontakt entstehen.

Flacher Durchschwung -18.26

Armrotationen.

Der Spieler hat einen kurzen Rückschwung mit einem hervorragenden Radius. Der Schläger hat im höchsten Punkt des Rückschwungs eine sehr gute Stellung. Die Armrotation in seinem Schwung, die sonst sehr gut ist, beginnt etwas zu früh. Sie startet schon zu Beginn des Rückschwungs, sollte jedoch erst nach dem Durchlaufen der 9-Uhr-Rückschwungposition erfolgen.

Der Griff ist neutral. Die linke Hand ist etwas schwach und sorgt für eine frühe Rotation. Der Spieler hat ein hohes Maß an Armrotation. Der Schläger steht im Rückschwung in einer perfekt gelegten Position.

Körpermaße -18.26

177 cm
74 cm
93 cm

Name .... Lothar E.
Club .... Frankfurter Golf-Club
Hcp 6,8
Alter .... 61 Jahre
Gewicht ...... 71 Kg
Größe .... 177 cm
Armlänge ..... 74 cm
Beinlänge ..... 93 cm
Eisen 5
Schaft .... 38,0"
Lie .... Standard

-18.26

Rückschwung
Der Spieler startet schon aus der guten Ansprechhaltung heraus mit einer rotierenden Bewegung der Arme. Im mittleren Teil (B4) ist der Schläger aber schon wieder in einer guten Stellung. Die Endstellung des Rückschwungs ist sehr gut und kompakt. Die Arme haben sich nur wenig gehoben, so dass der rechte Ellbogen nah am Körper ist. Die Rückschwungstellung ist gut geeignet, eine gute Abschwungbewegung einzuleiten.

Schlagfläche und Griff
Griff und Schlagfläche sind neutral.

Schaftstellung
Der Schläger steht im höchsten Punkt perfekt. Im Rück-, Ab- und Durchschwung sind die Schaftpositionen flach. Der Schläger kommt etwas von innen an den Ball.

Körperposition
Nach einer Gewichtsverlagerung im Rückschwung kommt der Spieler durch eine ausgeprägte seitliche Bewegung, der Translation (B6, B7, B8, B9), wieder zurück zum Ball. Im Treffmoment steht er mit dem Gewicht auf dem linken Bein. Durch stärkere Stabilität im linken Bein könnte man den Eintreffwinkel noch verbessern.

Resultat: Draw

Abschwung
Im ersten Teil des Abschwungs (B7) ist ein guter Winkel zwischen Armen und Schläger vorhanden. Im Treffmoment bilden der linke Arm und der Schläger eine Linie. So wird die Kraft gut auf den Ball übertragen.

Durchschwung
Die Schaftstellung ist flach. Der Spieler kommt in eine Endstellung mit tiefen Armen.

Dynamik
Neutrale Schaftstellung im Augenblick des Treffmoments. Der Spieler könnte den linken Arm noch weiter nach vorne strecken. Dies würde eine größere Schlaglänge herbeiführen und den Ball flacher starten lassen.

Release
Die Hände sind nach dem Treffmoment noch gut zu sehen.

Endstellung
Vollkommen entspannte Endstellung. Der Rücken ist gerade und entlastet.

Flacher Durchschwung -18.26

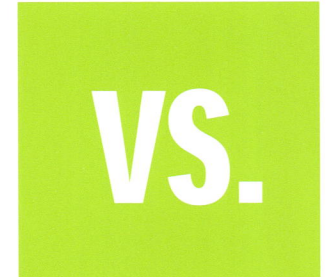

VS.

Used to do.
Der Schläger wird zu früh rotiert.

Need to do.
Die Hände bleiben innen und der Schlägerkopf außen.
Unter dem linken Arm sollte keine große Lücke sein.

Neutraler Schwung [+0.0]

VS.

Used to do.
Der Schaft ist im Durchschwung flach.
Die Arme müssen dafür rotieren.

Need to do.
Der Schläger sollte in dieser Position des Durchschwungs
wieder parallel zu seiner Ausgangsstellung sein.

Frühes Schlagen $^{-18.27}$

Wenig Winkel.

Der Spieler hat einen sehr leistungsfähigen Golfschwung, für den er kaum Winkel in den Handgelenken verwendet. Diese Art der Bewegung wirkt sehr kontrolliert. Durch zusätzliches Winkeln würde er seinem Golfschwung jedoch noch mehr Kraft verleihen. Die Handgelenke sollten bis kurz vor dem Treffmoment noch einen Winkel aufweisen. Die Körperwinkel verändern sich im Schwung. Verlässt der Spieler im Rückschwung seine Körperwinkel und geht hoch, gibt es im Abschwung sehr wahrscheinlich eine Schlägerbewegung, die steil in den Ball kommt. Der Ball kann auch fett getroffen werden, d.h. es wird erst der Boden und dann der Ball getroffen.

Der Griff der linken Hand ist stark. Der Spieler hat eine flache Schaftstellung im mittleren Teil des Golfschwungs. Im Abschwung kommen die Arme vor den Körper und sorgen für Eintreffwinkel.

Körpermaße -18.27

Name	Norbert P.
Club	Frankfurter Golf-Club
Hcp	14,9
Alter	50 Jahre
Gewicht	78 Kg
Größe	181 cm
Armlänge	70 cm
Beinlänge	93 cm
Eisen	5
Schaft	39,0"
Lie	2 upright

181 cm
70 cm
93 cm

-18.27

Rückschwung
Aus einer korrekten Ansprechhaltung bringt der Spieler den Schläger in die 9-Uhr-Position (B3). Die Arme stehen in dieser Position sehr gut. Man erkennt aber bereits, dass in den Handgelenken wenig Winkel ist, da der Schläger etwas nach unten zeigt. Schlägerkopf und Hände sollten auf derselben Höhe sein.

Schlagfläche und Griff
Der Griff der linken Hand ist stark. Hookfaktor.

Schaftstellung
Es sieht aus, als wäre der Schläger im höchsten Punkt des Rückschwungs stark gekreuzt. Dieser Eindruck entsteht deshalb, weil die Schulterdrehung sehr groß ist. Die Positionen vorher und nachher zeigen gute Schaftstellungen.

Körperposition
Im Rückschwung geht der Spieler hoch (B5) und verlässt seine Körperwinkel. Im Abschwung kommt der Schläger dadurch vor den Körper. Die Stellung der Arme ist weit vor dem Körper (B7). Ab dem Treffmoment kommen die Arme auf die innere Kurve und werden vom Körper verdeckt. Die Bewegung hat einen großen Eintreffwinkel.

Resultat: Slice

Abschwung

Im ersten Teil des Abschwungs (B7) ist der Winkel zwischen Armen und Schläger im Begriff, sich aufzulösen. Der Ball wird also etwas früh getroffen. Der Schläger kommt von außen an den Ball und schlägt ein Divot nach links.

Durchschwung

Da der Fußwinkel des linken Fußes gerade steht, entsteht zu viel Belastung durch die Drehung im linken Knie. Wenn man den linken Fuß etwas nach außen dreht, kann der Körper besser um das linke Bein drehen.

Dynamik

Der Ball wird etwas früh geschlagen. Der tiefste Punkt der Schwungkurve liegt vor dem Ball. Es könnten fette Bälle entstehen, es sei denn, man richtet sich etwas auf und trifft den Ball dadurch dünn.

Release

Der Schläger und Hände sollten noch zu sehen sein, was nicht der Fall ist (B10).

Endstellung

Gute Endstellung des Körpers. Der Rücken ist gerade und entlastet, das linke Bein ist noch gebeugt.

Frühes Schlagen $^{-18.27}$

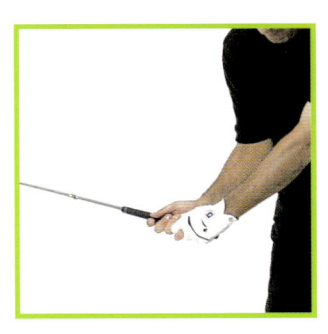

VS.

Used to do.

Der Winkel wird etwas früh aufgelöst. Dadurch ist die maximale Geschwindigkeit des Schlägerkopfes zu früh entladen worden.

Need to do.

Zwischen Armen und Schläger sollte ein Winkel sein, der erst im Treffmoment fast vollkommen aufgelöst werden soll. Dies überträgt die maximale Geschwindigkeit des Schlägerkopfes an der richtigen Stelle auf den Ball.

Neutraler Schwung $^{+0.0}$

VS.

Used to do.

Der Abstand der Arme zum Körper ist zu groß.
Der Schläger kommt von außen an den Ball. Wenn man den Schaft
gedanklich verlängert, zeigt er nach links vom Ziel.
Würde er nach rechts zeigen, würde der Spieler von innen kommen.

Need to do.

Die Arme sind näher am Körper.
Verlängert man gedanklich den Schaft, zeigt er in Richtung Ziel.

Flacher Durchschwung -18.28

Gerader Ballflug.

Schöner, konstanter Ballflug mit guter Schlaglänge. Bei schlecht getroffenen Bällen macht sich der geringe Radius im Durchschwung stark durch geringe Länge bemerkbar. Das Divot ist dabei fett, mit einer tieferen Seite, die durch die Spitze des Schlägerkopfes entsteht, der sich zu schnell schließt.

Der Griff ist stark. Der Spieler kann seine Schlagkonstanz durch einen verbesserten Release verbessern. Der rechte Arm sollte sich weiter strecken.

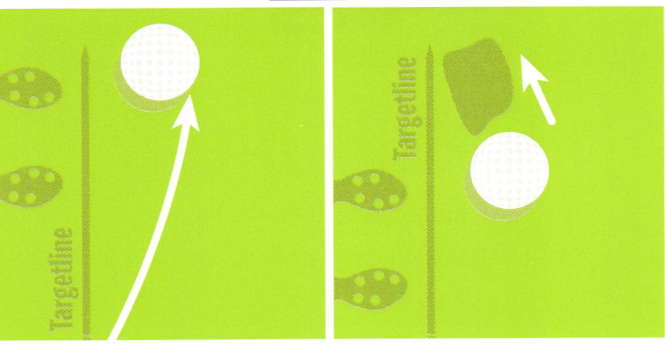

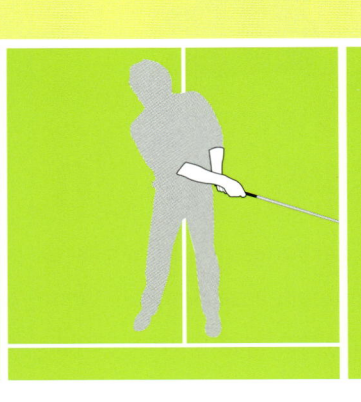

Körpermaße -18.28

Name .... Timm G.
Club .... Frankfurter Golf-Club
Hcp 1,4
Alter .... 19 Jahre
Gewicht ...... 65 Kg
Größe .... 185 cm
Armlänge ..... 73 cm
Beinlänge .... 85 cm
Eisen 5
Schaft .... 39,5"
Lie .... 2 upright

185 cm
73 cm
85 cm

-18.28

Rückschwung

Der Spieler steht ideal zum Ball. Der Oberkörper ist nach vorne gebeugt. Die Knie weisen nur einen kleinen Winkel auf (B1). Im ersten Teil des Rückschwungs lässt der Spieler die Hände am Körper, wobei der Schläger sich nach außen bewegt (B2, B3), um ihn dann in die perfekte Rückschwungposition zu legen (B5).

Schlagfläche und Griff

Der Griff ist stark. Hookfaktor.

Schaftstellung

Der Schläger steht im höchsten Punkt des Rückschwungs sehr gut. Der Spieler kann die Abwärtsbewegung ohne irgendwelche Kompensationsbewegungen einleiten (B5).

Körperposition

Der Spieler bewegt sich im ersten Teil sehr seitlich, beim anschließenden Heben der Arme sowie im Rest seines Schwungs behält er seine Körperwinkel sehr gut bei.

Resultat: Draw

Abschwung

Im ersten Teil des Abschwungs (B7) hat sich der Winkel zwischen Armen und Schläger gut aufgebaut. Der Ball wird spät getroffen, die Hände sind also im Treffmoment vor dem Ball. Der Schläger kommt etwas von innen an den Ball, schlägt aber ein Divot nach rechts (mit einer tieferen linken Seite im Divot). Der Spieler schließt den Schläger auf engem Raum. Dadurch ist der rechte Arm nicht ganz gestreckt.

Durchschwung

Da der Fußwinkel des rechten Fußes relativ gerade steht, muss der Spieler über die Außenseite abrollen (B11, 12).

Dynamik

Der Ball wird spät geschlagen. Der tiefste Punkt der Schwungkurve liegt hinter dem Ball. Es können dabei auch fette Bälle entstehen, die aus der schnell drehenden Spitze des Schlägers resultieren, sowie auch ein Push nach links, wenn der Ball zu spät getroffen wird.

Release

Die Hände sind nach dem Treffmoment noch zu sehen. Der rechte Arm sollte sich noch weiter strecken.

Endstellung

Große Rotation mit Stand auf der rechten Außenseite des rechten Schuhs.

Flacher Durchschwung -18.28

Used to do.
Der Rückschwung ist sehr gut.

Need to do.
Die Arme sind etwas tiefer.
Um den Anteil, den die Arme im Rückschwung gehoben werden, müssen sie im Abschwung auch wieder gesenkt werden.

Neutraler Schwung $^{+0.0}$

VS.

Used to do.

Das rechte Handgelenk knickt etwas ab. Der Ball fliegt dadurch höher, das Divot wird tiefer. Der tiefste Punkt der Schwungkurve liegt entsprechend vor dem Ball. Der Schlag verliert dadurch an Länge.

Need to do.

Auch der linke Arm sollte sich weit in den Durchschwung hinein strecken. Schläger und Arme zeigen in Richtung des Bodens. Der Schwungboden ist rund, er hat seinen tiefsten Punkt hinter dem Ball.

Glossar -19.0

Annäherung.
Ein Schlag, der den Ball aufs Grün bringen soll.

Ansprache.
Einnehmen des Standes und Aufsetzen des Schlägers hinter den Ball als Vorbereitung für den Golfschwung

Ballposition.
"Ballposition hinten" bedeutet, dass der Ball mehr am rechten Fuß liegt. "Ballposition vorne" bedeutet, dass er näher am linken Fuß liegt.

Birdie.
Mit einem Schlag unter Par einlochen.

Bogey.
Mit einem Schlag über Par einlochen.

Dogleg.
Spielbahn, die von rechts nach links oder umgekeht eine Kurve macht.

Draw.
Der Ball kurvt leicht von rechts nach links.

Eagle.
Mit zwei Schlägen unter Par einlochen. Das kann auf einem Par 5 gelingen, indem man mit 3 Schlägen einlocht.

Fade.
Der Ball kurvt leicht von links nach rechts.

Fairway.
Niedrig gemähtes Gras zwischen Abschlag und Grün.

Fore!
Warnruf, der andere Golfer vor einem Fehlschlag warnen soll.

Geöffnet.
Bezogen auf die Schlagfläche:
Sie zeigt nach rechts vom Ziel (rechtsverkantet).
Bezogen auf die Körperstellung (z.B. Füße):
Sie zeigt nach links vom Ziel.

Geschlossen.
Bezogen auf die Schlagfläche: Sie zeigt nach links vom Ziel (rechtsverkantet).
Bezogen auf die Körperstellung (z.B. Füße):
Sie zeigt nach rechts vom Ziel.

Grünrand.
Ein Streifen unmittelbar ums Putting Grün, der oft so kurz geschnitten ist wie das Fairway.

Handicap.
Spielstärke.

Hook.
Der Ball kurvt stark von rechts nach links.

Hosel.
Verlängerung des Schlägerkopfes an seiner Ferse, in die der Schaft des Schlägers eingebaut ist.

Lie.
Die Art oder der Winkel, wie die Schlägersohle auf dem Boden steht. Er kann mit der Spitze zu sehr nach oben stehen und daher zu steil sein. Berührt die Spitze den Boden, dann ist er zu flach.

Lob Wedge.
Ein Schläger mit ca. 60° Loft.
Er wird für hohe Schläge und im Bunker benutzt.

Loft.
Winkel der Schlagfläche.

Markieren.
Ein Gegenstand (z.B. eine Münze) hinter einen Ball legen, um dessen Position zu bezeichnen.

Mehr Schläger.
Einen Schläger wählen, der mehr Schlagweite erzielt (z.B. ein Eisen 5 anstelle eines Eisen 6).

Par.
Der für ein Loch vorgesehene Score.

Pull.
Der Ball fliegt auf gerader Linie, aber nach links vom Ziel.

Push.
Der Ball fliegt auf einer geraden Linie, aber nach rechts vom Ziel.

Rough.
Flächen mit höherem Gras neben dem Fairway.

Schlag.
Jede Vorwärtsbewegung des Schlägers mit der Absicht, den Ball zu treffen.

Shank.
Fehlschlag, bei dem der Ball mit der Hacke des Schlägers getroffen wird. Der Ball fliegt nach rechts.

Slice.
Der Ball fliegt in einer Kurve von links nach rechts.

Vorderkante.
Vorderer Rand der Schlagfläche (Leading Edge).

Die besten Grüße -19.0

... richten wir an:

Susanne Franz, Guido Hannich & Dominik Eiland
(Suzuki International Europe GmbH)

Mike Rodgers, Oliver Kuss, Steve Voss und Kollegen
(Hundert Grad Kommunikation Frankfurt)

Horst Ganjon, Bernd Kerger, Walter Littmann, Dr. Wolgang Röller, Sabine Nass, Annette Heinz, Jörg Schulz,
Bernd Casmir, Bernd Rumpf, Angelika Wischnath, Stefan Köhler, Oliver Hesse, Peter Riepenhausen,
Hero Brahms, Ulrike von der Recke, Lothar Peter Eimer, Tom Melzer, Wolfgang und Gregory Theile,
Hans Jochen Helweg, Anthony Byrne (Manager Tralee Golf-Club), Noel Cronin (Manager Waterville Golf-Club),
Matthias Willvonseder, Bernd Mayer, Mick, Philipp Schmitt, Bernd Pfannkuchen und Gennaro Marfucci.
Marcel Walther und Ralph Pfeiffer von Lochstoff

LOCHSTOFF TACTICAL GOLF GEAR

www.lochstoff.de

alle Golfer und Nichtgolfer auf dem Planeten Erde, die unser Buch kaufen!

Wir möchten uns auf diesem Weg noch einmal bei allen Spielern und Schülern bedanken,
die sich für die Foto und Filmaufnahmen zur Verfügung gestellt haben.

Das Werk widmen wir:
Maximilian Bucksch
Rosalie Schminke
Tina Schminke
Karin und Dieter Schminke
(Danke für Alles)
Cheers!

Wise Tip.
A bad days golf is better than a good days work.